I0842896

COMO SANANDO TU AUTOESTIMA PUEDES TRANSFORMAR TU VIDA

5 Estrategias para recuperar tu amor propio y la pasión por vivir

COMO SANANDO TU AUTOESTIMA PUEDES TRANSFORMAR TU VIDA

5 Estrategias para recuperar tu amor propio y la pasión por vivir

YULIA OCHOA

COMO SANANDO TU AUTOESTIMA PUEDES TRANSFORMAR TU VIDA
5 Estrategias para recuperar tu amor propio y la pasión por vivir

GRACIAS POR ESTAR AQUÍ

A todas ustedes creativas, inteligentes, sensibles y al mismo tiempo fuertes mujeres, hombres valientes que no se compran los estereotipos establecidos socialmente, que sienten el deseo de hacer cambios en su vida, que escuchan esa voz interior hablándoles cada vez más fuerte diciéndoles que ese punto en el que se encuentran en este momento no es el punto final de su vida, que hay una versión más bella y autentica dentro de ustedes, que solo tienen que atravesar el miedo y amarse con la pasión loca que Dios ha puesto en su corazón.

Este libro que ahora tienes en tus manos es el resultado de poner por escrito las respuestas que obtuve a los cuestionamientos con los que llegaban a consulta mujeres valientes y hombres sensibles, decididos a cambiar las creencias que la familia, la cultura y las experiencias fueron dejando en ellos, limitando su campo de acción hasta dejar de amarse, valorarse y con ello sabotear su crecimiento personal en diversas áreas de su vida.

Descubrirás esas explicaciones a preguntas que solemos hacernos cuando desconocemos como funciona nuestra mente, cuando no vemos que la falta de amor propio impacta en toda nuestra vida, pero no solo te quedaras en la explicación, encontraras ejercicios sencillos, pero eficaces, que te guiarán en ese viaje de autodescubrimiento, que es el primer paso para iniciar el cambio personal, conocernos, auto-conocernos de verdad.

Encontraras 5 estrategias a las que yo recurrí para recobrar el amor propio y la pasión de vivir. Estrategias que suelo implementar en mis consultantes, cuando reconozco esa sintomatología perteneciente a la baja autoestima, y con placer inmenso te digo que al decidir accionar al cambio e implementar esas estrategias a tu estilo de vida el resultado no solo es efectivo, sino sumamente transformador.

Por último, quiero decirte que este libro fue escrito con mucho amor en soledad, pero de esa soledad que llena el alma de uno mismo, que hace que nuestra esencia se desborde por los poros de tal manera que ya no puedes mimetizarte con los demás, esa soledad en la que te fundes con la nada y regresas colmado de tu propio Yo. Y mientras iba tomando forma todas esas ideas que ya estaban en mi mente pensaba en ¿cómo serias tú? ¿cuáles son los miedos que estarás enfrentando? ¿en qué se asemejaría tu historia de vida a la mía o a la de mis pacientes? y ¿cuáles serían esas diferencias que te hacen único y especial? Y me queda claro que al final de todas nuestras diferencias, todos vamos por lo mismo vivir feliz y experimentarnos en plenitud. Por lo que te deseo venzas tus miedos y abraces tus sueños, teniendo el coraje para convertirlos en metas realizadas, que te abras al cambio y decidas accionar.

Con cariño y gratitud por el impacto
que tu cambio tendrá en otros seres humanos, creando sinergia.

Yulia Ochoa

INDICE

AGRADECIMIENTOS

Con infinita gratitud a MI PADRE ETERNO que me obsequio las alas para experimentar esta vida, porque coloco en mi corazón grandes sueños y el valor para realizarlos, porque cada mañana al abrir los ojos al extender la mirada y ver con asombro las maravillas que ha creado me recuerda su grandeza, su amor infinito manifiesto en cada una de sus creaciones. Porque cuando el miedo me abraza siempre hay algo que me habla y me pregunta ¿recuerdas hija de quién eres? Y sí, lo recuerdo sé hija de quien soy.

Gracias a ti, que fuiste mi compañero de vida, por las vivencias lindas que en algún momento fueron combustible para mi alma y mi diario vivir. Gracias por los momentos dolorosos que en su tiempo me derrumbaron, llegue a pensar que no me levantaría. Eso me hizo fuerte y me mostro en qué áreas de mi vida faltaba crecimiento. Gracias por no objetar esta escritura, aunque implicara hablar de una historia que solo a nosotros pertenecía. Y sobre todo gracias por ayudarme a cerrar nuestro ciclo en paz, sin resentimientos ni culpas.

Con gratitud y cariño para todos los maestros que han impactado en mi formación profesional. Gracias mi querida Luana Mor por ser una mentora excepcional por la pasión que pones en tu trabajo, que para ti no es trabajo, me inspiraste para sacar este sueño del cajón y convertirlo en meta realizada.

A ustedes con quienes he coincidido en algún momento de mi vida, que me confiaron su vulnerabilidad, que confiaron en mi hacer profesional y siendo mi paciente se convirtieron en guía por el compromiso mostrado en su transformación y me infundieron que en la mujer hay grandeza sin importar la adversidad que estemos atravesando.

Con amor especial a ti con quien coincidí en el momento preciso, cuando estaba lista para cambiar mis creencias limitantes y *salvaste* mis sueños funcionando como un bello espejo en mi vida, mostraste a mi corazón que siempre hay oportunidad de construir un mañana diferente, que no es necesario una década para edificar una historia que llene el alma, que en un instante se puede hacer cambios cuánticos solo con valor, pasión y la claridad de saber hacia dónde se quiere avanzar …

GRACIAS, GRACIAS, GRACIAS.

PARTE 1

EL AMOR PROPIO Y SU PARTICIPACIÓN EN NUESTRA HISTORIA

El hombre es hijo de su pasado más no su esclavo,
y es padre de su porvenir.

Viktor Frakl

SOMOS COMO NOS QUISIERÓN

Siempre había pensado que la vida era casi mágica y que venimos a esta tierra a hacer cosas maravillosas… sin embargo por un tiempo lo olvide.

Cuando era niña soñaba con realizar actividades increíbles como ser astronauta, o tal vez ser arqueóloga y descubrir rastros de antiguas civilizaciones, que seguramente aportarían de gran manera al entendimiento de nuestra cultura. Al llegar a la adolescencia mi sueño se transformó, ahora deseaba ser una afamada diseñadora de modas, que mis diseños recorrieran el mundo y por supuesto yo delante de mis creaciones. Siempre soñando en grande, enfocada en las posibilidades que la vida ofrece. Conforme el tiempo fue pasando, la infancia quedando atrás, los sueños se fueron volatizando. Socialmente dirán que madure y coloque los pies en la tierra. ¿Te suena familiar esta anécdota? ¿Recuerdas con que soñabas cuando eras niño, cuando no dudabas de tus habilidades, y creías en ti sin cuestionamientos, cuando todo te era posible? ¿Qué es lo que sucedió, realmente solo crecimos, maduramos y nos volvimos realistas? ¿Si es así, qué es la realidad y quien la determina? ¿A quién escuchas al momento de escribir tu historia, a tus miedos o a tu pasión por vivir? Recuerda que lo que pienses de ti se convertirá en tu realidad, no porque este determinada sino porque como piensas sientes y como sientes actúas. Ahora dime ¿Quién determina tu realidad?

Lo que pensamos de nosotros mismos, la forma en que nos percibimos, la conducta que mantenemos en nuestra vida, es decir, todo lo que somos y como nos manifestamos nuestro amor tiene una razón de ser, en psicología se utiliza una frase que dice; "somos como nos quisieron". Yo diría, nos amamos como nos enseñaron.

¿Y a ti qué te enseñaron del amor?

¿Qué es la autoestima y cómo se forma?

¿Te has dado cuenta que esa palabra es muy famosa? En estos tiempos todos hablan de ella, una palabra tan usada en el vocabulario de la sociedad actual y a pesar de ello, a veces, mal entendida o no aplicada realmente a la vida. Decimos tener una autoestima "buena" y sin embargo nuestros actos dicen todo lo contrario. La vida que estamos experimentando no revela esa plenitud que de acuerdo a nuestro diseño mental, físico y espiritual deberíamos estar manifestando, mostrando una disonancia entre lo que decimos y hacemos.

Fácilmente vamos etiquetando a las personas, "ella no tiene autoestima" o "él tiene mucha autoestima" "no lo regañes porque le bajas la autoestima", seguramente igual que yo lo has escuchado muchas veces.

Pero, ¿Qué es realmente la autoestima?

La palabra *estimar* procede del latín *aestimare*, que significa "determinar el valor" "tener una opinión sobre algo" por lo que la autoestima es esa valoración, o juicio que la persona establece de sí misma, generalmente vinculada a la *autopercepción*, ya sea positiva o negativamente. Lo que le llevará a generar determinadas creencias de sí mismo, a su vez se producirán emociones relativas a dichos pensamientos y terminará manifestándose a través de sus acciones o comportamientos.

Es muy común que se defina sencillamente, como el nivel o grado de aceptación y amor que tenemos por nuestra propia persona. *Lo que conlleva, en ocasiones, equivocadamente a caer en el conformismo, "me amo y por lo tanto me acepto tal y como soy, no necesito cambiar".* Con lo cual estoy en desacuerdo, y no es una postura al aire, es una postura que tome a partir de observar el comportamiento, a veces amargura y otras ocasiones sufrimiento de muchos pacientes, en su mayoría mujeres. De observar el potencial que tenían cientos de jóvenes, con los que he tenido oportunidad de trabajar en mi labor como catedrática, y que por no sentirse suficientes ante la vida no contactaban con esa grandeza que poseían en su esencia, envolviéndose en sus miedos, limitando su aprendizaje y por tal su crecimiento como individuos. Manteniendo muchas veces una postura defensiva ante los demás, sintomatología que más tarde identificaría en mi propia persona.

"Así soy, no necesito cambiar" ¿Te lo has dicho alguna vez? Si tu respuesta es sí, permíteme preguntarte ¿realmente es una respuesta tuya o es generada por tus miedos? Si aún no tienes la certeza de tu respuesta, permíteme cuestionar a tu mente con estas preguntas, antes de responder por favor respira profundo y contacta con la emoción que se produce ante el siguiente cuestionamiento. ¿Te levantas cada mañana con energía, con optimismo y entusiasmo por el día que te espera? ¿te acuestas a descansar con gratitud, en paz por saber que hoy el día de alguien fue mejor gracias a ti, relajada porque no hay pendientes postergados día con día?

Si tu respuesta fue un franco "NO", te dejaron pensando o en su defecto las preguntas te incomodaron y tu ego intento protegerte con excusas, es una señal inequívoca que algo en tu interior te dice que SÍ, que necesitas cambiar, hacer ajustes, tal vez pequeños pero positivos, constantes y productivos.

Es muy cierto que, para emprender el cambio el primer paso es aceptar, aceptar lo que somos, para posteriormente *desde esta postura de amor y respeto iniciar esa transformación en lo que realmente somos*, descubrir esa versión mejorada de nosotros mismos.

Porque, como lo mencione al inicio de este libro, en su mayoría de veces esa persona que proyectamos ante la sociedad no es quien realmente somos, sino la suma de los miedos familiares, la suma de los deberías de la sociedad, las etiquetas que nos colocaron cuando niños nuestros seres queridos, aquello que nos contaron de la vida, que terminamos por creerlo y nos lo apropiamos como una segunda piel. Ante lo cual me surge la interrogante ¿Es válido? Sí, es válido. Después de todo como lo expreso el psicólogo Vygotsky "la cultura pasa herramientas físicas y cognoscitivas que hacen el diario vivir más eficiente". Pero, ¿qué hay cuando esas herramientas cognoscitivas no están actuando a nuestro favor? ¿Qué hacer cuando esas herramientas limitan nuestro desarrollo?, porque nos colocan parámetros establecidos, que no es que sean "buenos o malos", sino que, no son los únicos existentes, solo son los que conocemos y en la gran mayoría de ocasiones si dejamos que estos sean los que nos guíen nos encontraremos dando vueltas en nuestra historia, solo con más años, con más dolor, o incluso con más resentimientos por vivir una vida que no es la deseada, pero que en algún momento creímos que es lo que nos tocó vivir y nos conformamos aun llenándonos de frustración. Peor aún, repitiendo historias familiares, la de los abuelos, los padres y así sucesivamente de generación en generación, con solo cambios mínimos por lo que aporta el contexto socio histórico que nos toque vivir.

Lo que no resultaría valido para la vida es no hacer una revisión a todas las creencias adoptadas y vivirlas como una verdad absoluta. Lo que no es de valor para nuestra vida es *culpar* al contexto familiar, a la sociedad, a Dios o a la suerte por nuestras experiencias, por nuestros resultados o por nuestras emociones y no tomar la responsabilidad que nos corresponde para vivir nuestra vida en plenitud. Después de todo no se puede dar lo que no se tiene en su momento, tu familia no te condujo con otros paradigmas porque no tenía otras creencias diferentes a las que utilizo en tu educación, tu pareja no te dio *el amor adecuado a tus expectativas* porque esas expectativas que creaste estaban basadas en tus necesidades, en tu historia de vida y su dar fue desde sus propias carencias, desde sus expectativas que con seguridad eran diferentes porque su historia de vida difiere de la tuya. Todo esto construye, suma o limita tu autoestima, ahondaremos en ello más adelante.

Una definición que particularmente utilizo para el encuadre del trabajo en terapia, respecto a este tema, es la del Dr. Nathaniel Branden:

"La autoestima es la confianza en nuestra capacidad de pensar, en nuestra capacidad de enfrentarnos a los desafíos básicos de la vida. La confianza en nuestro derecho a triunfar y a ser felices; el sentimiento de ser respetables, de ser dignos, y de tener derecho a afirmar nuestras necesidades y carencias, a alcanzar nuestros principios morales y a gozar del fruto de nuestros esfuerzos"

Resulta sumamente interesante esta puntualización, ya que en una sola definición podemos ver profundamente dos de los elementos claves de la autoestima; **la autoeficacia y la autodignidad.**

Autoeficacia y autodignidad

¿Qué es la autoeficacia y cómo se manifiesta en nuestras decisiones?

Se refiere a las expectativas que creemos de nosotros mismos, de nuestras habilidades y como empleamos nuestros recursos personales en situaciones complejas. **Limita o dispara nuestro potencial, ¿Qué tan capaz te sientes ante los retos de la vida? ¿Qué tan competente te sientes al encarar cosas desconocidas?** Las creencias que tengas acerca de tu capacidad te pondrán en marcha para actuar o en su defecto detenerte, tus metas estarán por debajo de tus habilidades y tus capacidades por percibirte como poco eficaz de lograr aquello que sueñas pero que solo concibes en la vida de otras personas. En cambio, cuando este componente del amor propio lo tenemos funcionando a nuestro favor vemos a los problemas como un desafío, se vuelven reto e incluso estimulantes de nuestro desarrollo.

Es verdad que cuando estamos experimentado acontecimientos nuevos surge la duda, el miedo e incluso la postergación. Lo cual hasta cierto punto es normal, sano inclusive. Esa duda nos da un espacio para analizar, para evaluar los pros y contras de esas decisiones. El miedo, que es una emoción primaria, nos ayuda a tomar ciertas precauciones, que garanticen nuestra supervivencia, nos hace actuar con cautela. En nuestro cerebro hay una pequeña estructura, similar a una almendra, llamada amígdala. Toda la información que se recibe a través de los sentidos pasa por la amígdala y en cuanto ella recibe un estímulo, que percibe como amenazante, activa al sistema nervioso para que prepare una respuesta que generalmente es de huida o pelea. La adrenalina, que es una de las sustancias químicas que nos pone en alerta, circula por todo nuestro organismo, provocando incluso que el sistema inmunitario detenga sus tareas, ya que en ese momento para el cerebro lo esencial es la supervivencia, ya sea enfrentando la situación o huyendo. La amígdala, por su parte, integra las emociones con los esquemas de conducta convenientes a esta situación. ¿Por qué explicarte brevemente la función del cerebro con respecto al miedo? Deseo que entiendas que él no va a desaparecer nunca de nosotros (a menos que sufriéramos una amigdalotomía), que dejes de verlo como un enemigo, el miedo nos va acompañar hasta el último día de nuestra estancia en la tierra y si entendemos su función nos daremos cuenta que más que un enemigo a derribar es un bello regalo que agradecer. Sin embargo, si ese miedo te paraliza, si limita tu acción, entorpece tu desempeño, y no te deja avanzar por la vida, este miedo dejo de cumplir la función para lo que fue implantado en el ser humano divina y biológicamente. **Por lo que es importante que analices de donde viene ese miedo, ¿es un miedo real o es un miedo imaginario? ¿o quizás es un miedo heredado?** Recuerda que el miedo es una emoción primaria, y todas las emociones cumplen una función, el miedo no es la excepción. Revisa que te anuncia.

Ahora bien, ¿Qué es la autodignidad y como se relaciona con el comportamiento?

Antes de darte una definición que puedes leer en cualquier diccionario, me gustaría que reflexionaras en ¿cuántas veces te han sucedido cosas agradables y has pensado que no las mereces? ¿cuántas veces has tenido experiencias gratificantes y lejos de disfrutar ese apapacho de la vida o de Dios, te has dicho que fue cuestión solo de suerte.? Y empiezas a experimentar temor a perderlo porque es más de lo que tú mereces. ¿Alguna vez has tenido pensamientos de este tipo? Tal vez tu respuesta sea un rotundo NO, eso nunca lo he pensado. Quiero que sepas que estos pensamientos son conscientes, estas respuestas automáticas que nos damos son de nuestro ego protegiéndonos, el problema es que en el 90% de nuestro actuar se ve manifiesto nuestro inconsciente y no nuestros procesos conscientes. Pues bien, la autodignidad se refiere justamente a que tan merecedores nos sentimos de lo que nos es dado, que tan dignos nos sentimos de obtener de la vida las maravillas que en ella se encuentran, ¿qué tan merecedor te sientes de tener una vida exitosa?

Como ya te lo dije, muchas veces conscientemente nos damos respuestas que difieren de lo que nos dice nuestro inconsciente, ejemplo de esto es decir que, si nos merecemos tener una vida exitosa, pero auto-saboteándonos cuando tenemos esas oportunidades para lograrlo.

¿Esto te confunde? Pretendo ser lo más transparente posible, yo viví confundida por poco más de dos años, tiempo en el que mi autoestima estaba muy por debajo del suelo, ya siendo psicóloga y habiéndome especializado en psicoterapia, por si fuera poco, había ayudado a una gran cantidad de pacientes y alumnos, sin embargo, no encontré durante ese tiempo las herramientas para sacar a mi propia persona de esa situación, ¿Por qué razón? Fueron varias, por ahora te diré que una de ellas fue que tarde mucho para reconocer que tenía un problema de autoestima, mi ego me decía que eso no me podía estar pasando a mí.   Conscientemente me sentía merecedora de tener experiencias gratificantes, tener una vida en la que me pudiera sentir exitosa, sin embargo, eso era lo que estaba en mi 10% de actuación, el otro 90% de mi conducta era dirigido por los paradigmas que traía muy bien implantados en mi inconsciente y estos me decían que no lo merecía. Otra razón fue porque quise aplicar las teorías conocidas como receta de cocina, y así no funcionamos los seres humanos. Además de esto me fraccioné intentando sanar mi autoestima atendiendo una sola de las áreas de mi vida, y aunque lo sabía en teoría, fue con la experiencia vivida que entendí la importancia de cuidar la parte física, el área emocional y nunca olvidar la parte espiritual.

Cada hombre, cada mujer trae su propia historia personal que le ha marcado, que le ha dado herramientas para disfrutar o enfrentar la vida. ¿Cómo adquirimos esas herramientas y cuándo se empieza a escribir nuestra historia personal? Vamos a decir que inicia cuando nos encontramos en el vientre materno, lo cual no es del todo cierto posteriormente veremos por qué.

TIPOS DE AUTOESTIMA

Autoestima baja o falta de amor propio

Cuando se experimenta una baja autoestima existen dificultades para reconocer nuestro valor como seres únicos e irrepetibles, nos cuesta entender que justamente esas características que nos hacen diferente de los demás son las que incrementan nuestra belleza, originalidad y valía personal. Nos pasamos comparándonos con otros, gastando energía en contarnos falsas historias, como; si fuera más alto sería más feliz, si mi piel fuera de otra tonalidad tendría más seguridad, si fuera tan inteligente como él o ella tendría mejor trabajo… y así sucesivamente. *Cuando la autoestima se encuentra a la baja nuestro enfoque esta en todo aquello que creemos que nos falta, vivimos observando lo de afuera, de ahí que nuestra comparación siempre sea con los demás y no con nuestro YO de días, meses o años atrás, valoramos tan poco lo que somos que no queremos ver lo que sí tenemos, lo que existe en nosotros.* **Nos robamos la posibilidad de hacer una autovaloración y poder generar cambios en nuestra vida.**

La falta de amor propio nos lleva a *tener la creencia* de no ser merecedores del amor de los demás, por lo que se busca constantemente la aprobación del otro con quien nos relacionamos, dificultando el poder decir NO cuando nos queremos negar a hacer algo. Y si recordamos que el 90% de nuestra conducta es un acto de nuestros procesos inconscientes ¿Qué crees que va a suceder? Te encontraras muy a menudo disculpándote por no haber cumplido con algo que te habías comprometido a realizar, te encontraras bajo abrumación constante al hacer actividades sin motivación, porque aceptaste desde el miedo al rechazo o la perdida de amor del otro. Si entendiéramos que el cómo nos quieren los demás, el cómo nos muestran su afecto, es un reflejo del amor que nosotros mismos nos damos, nuestra historia la escribiríamos diferente. La buena noticia es que nunca es tarde y para eso estamos aquí hoy tú y yo, para recuperar ese amor propio que necesita ser sanado.

Uno más de los síntomas de la baja autoestima es la falta de autenticidad, empieza a hablar esa vocecita de inseguridad, que ah como le damos importancia, "si me muestro tal cual soy ¿qué pensarán de mí? seguramente se burlarán de mis pensamientos o de mi forma de ser". Esto pensando en que realmente nos conozcamos y seamos capaces de darnos cuenta que no estamos siendo auténticos. Aunque, tristemente vivimos tanto tiempo protegiéndonos, escondiendo nuestra esencia que en la mayoría de casos ni siquiera nos conocemos. No somos conscientes de esta situación, porque *uno de los primeros mecanismos de defensa que va a aparecer es la famosa negación*, "esto no me sucede a mí".

Esa falta de seguridad, de la que ya comentamos, además de todo entorpece el establecimiento de límites en las relaciones interpersonales, sin importar si estamos hablando de relaciones laborales, familiares, del círculo de amigos o con la pareja. Vamos permitiendo faltas de respeto, malos tratos, injusticias e incluso podemos llegar a permitir la violencia en todas sus manifestaciones, física, psicológica, económica y sexual.

Es por ello que tener autoestima baja entorpece nuestro desarrollo en cualquier área de la vida, ya que como nos vivimos en una relación o área de nuestra vida lo hacemos en las demás. Podemos darnos cuenta que tener baja autoestima es toda una problemática social, no es algo tan sencillo como decirles a las personas que viven esta situación "échale ganas" "quiérete un poquito" "que tonta eres yo que tú…" estas frases no ayudan.

Aunque hago más referencia a la mujer esta situación no es exclusiva de nosotras, también la llegan a vivir hombres, aunque los datos estadísticos digan que son minorías, lo cual no podemos saberlo con certeza, ya que por tabús sociales en los hombres hay una tendencia mayor a no aceptar que están a travesando problemas emocionales, culturalmente se les ha enseñado a reprimir sus emociones.

Autoestima alta

*"La soberbia no es grandeza sino hinchazón;
y lo que esta hinchado parece grande pero no
está sano"*

San Agustín

Si piensas que es el ideal de la manifestación de la autoestima déjame decirte que esta es otra idea socialmente equivocada, con respecto a este tema. Cuando experimentamos este tipo de autoestima, del mismo modo que en la falta de amor propio, limitamos nuestra evolución, restringimos nuestro desarrollo porque si "ya somos perfectos" que hay que mejorar. Podemos estar de acuerdo o no, y eso es adecuado que dejemos de comprarnos las ideas de los demás sin importar quién nos lo diga y lo pongamos a nuestra propia reflexión. La autoestima alta o sobre valorada es prima hermana del narcicismo, existe una tendencia a menospreciar a los demás sin importar que tipo de relación se tenga con la otra persona, un padre o madre con una autoestima sobrevalorada va a ser propenso a tener a menos los logros de los hijos exigiendo perfeccionismo, virtud que no corresponde a nosotros los seres humanos. Si eres o has tenido una pareja con autoestima inflada (otro nombre con el que podemos etiquetar a la autoestima alta) sabrás lo desgastante que es convivir con una persona así, que exige las cosas porque siente que merece todo, cree que siempre tiene la razón, no acepta sus errores y busca constantemente ser reconocido por sus logros, lo que los lleva a ser sumamente competitivos, muchas veces aun a costa de poner a un lado sus propios valores.

La autoestima alta no es sino una autoestima baja enmascarada, siempre a la defensiva, auto protegiéndonos, a menudo quienes tienen este tipo de autoestima esconden un niño asustado con muchas heridas emocionales por sanar.

¿Empiezas a identificarte en alguna de las descripciones? Si es así vamos bien.

Autoestima sana

Llegamos al reto de este libro, **lo que vamos a lograr**, **UNA AUTOESTIMA SANA**. Un viaje de autoconocimiento, de valorar nuestra esencia física y divina, de amor incondicional, *autoaceptación,* … alto por favor, si tu mente trajo el famoso "me acepto tal cual soy no necesito cambiar" déjame decirte que por ahí no es el asunto. ¿Recuerdas la definición de autoestima? (Si no la recuerdas claramente te pido que regreses a la página 9 y que puedas leerla nuevamente)

Cuando experimentamos una autoestima sana, antes que nada, nos conocemos, tenemos claridad de quienes somos, cuales son nuestros intereses, que nos apasiona, conocemos nuestras capacidades y también tenemos claras cuáles son nuestras limitaciones. Entendemos que estas limitaciones no restan valía a nuestra persona y que por lo tanto nos merecemos una vida bella, el derecho a triunfar y a gozar del fruto de nuestros esfuerzos (retomando parte de la definición).

Otra característica elemental de un amor propio adecuado, es *tener la capacidad de autoindulgencia.* ¿Cuántas veces hemos escuchado a alguien lamentarse por sus equivocaciones del pasado? ¿Cuántas veces hemos sido nosotros quienes nos recriminamos no haber hecho las cosas de otra forma? E incluso lo decimos no me perdono el haber hecho tal cosa, y otras veces más mantenemos un auto diálogo de reproche, de menosprecio, de insultos. Nada resuelve y en nada nos ayuda. Cuando nos amamos sanamente entendemos que tenemos derecho a equivocarnos, a cometer errores, sí a llorar nuestras equivocaciones, pero sobre todo a reflexionarlas y aprender de ello. Así que, a perdonar nuestras equivocaciones, es una muestra de una autoestima adecuada.

Ese amor propio se muestra con acciones, se manifiesta con congruencia, cuidándonos; cuidando nuestra salud, nuestra apariencia física, nuestra salud emocional. Y todo ello implica valor para hacer los cambios necesarios, implica disciplina e incluso salir de nuestra zona de confort para obtener lo que para nosotros conlleva esa vida bella.

> *"Amarse a uno mismo es el principio de una historia de amor eterno".*
>
> *Oscar Wilde*

DESCUBRE MÁS DE TI

Seguramente con todo lo revisado, hasta ahora, ya identificaste tu comportamiento más habitual con respecto a la autoestima que está rigiendo tu vida. Mas, sin embargo, ya sabemos que nuestra mente a veces nos quiere proteger no dejándonos ver aquello que es evidente. Por lo que pasaremos a la acción, ya que, si realmente queremos cambios en nuestra persona, en nuestra vida y entorno no basta con llenarnos de información si no accionar.

Te pido por favor no te brinques los ejercicios, si bien la lectura y los libros son de ayuda, lo es mucho más la reflexión y el autoconocimiento.

Te invito a hacer una pausa en la lectura y realizar la siguiente actividad.

Ejercicio 1

Introspección

Lee y contéstate sin prejuicios, entendiendo que hasta hoy te has dado lo que has tenido. Recuerda la sinceridad es para ti, y es la base para realizar los cambios que desees para tu vida.

1. ¿Cómo me siento con quien soy y con la forma como he conducido mi vida hasta el día de hoy?

   ____

   ____

   ____

   ____

   ____

   ____

   ____

   ____

   ____

2. Mis mayores cualidades son: y las pongo al servicio de otros cuando:

   ____

   ____

   ____

   ____

   ____

____

____

____

____

3. Cuando alguien me pide hacer algo que no quiero, yo…

____

____

____

____

____

____

____

____

4. Cuando cometo equivocaciones mis pensamientos y sentimientos son:

____

____

____

____

____

____

____

____

5. Después de contestar las preguntas anteriores me doy
    cuenta de:

____

____

____

____

____

____

____

____

6. A partir de ahora me comprometo conmigo a hacer
    los siguientes cambios:

____

____

____

____

____

____

____

____

PARTE 2

SOMOS SERES GRANDES ¿QUÉ PASO EN EL CAMINO?

*Es más fácil construir un niño fuerte
que reparar un adulto roto.*

Frederick Douglass

EXPERIENCIAS TEMPRANAS EN NUESTRAS VIDAS

Nos amamos como nos enseñaron

Todas las experiencias que vivimos, van formando nuestro carácter, nuestra conducta, nuestras creencias y por tanto las respuestas que damos ante la vida. Es por ello que ante un mismo evento todos los seres humanos respondemos de diferente manera, inclusive si esa situación la enfrentaran dos hermanos, educados en el mismo seno familiar, y con edades, valores, e ideología similar. Esto debido a toda la información que se guardó en la mente desde que estaban en el vientre materno. El cómo se vivió el embarazo, si fue un bebe deseado o no, si la madre llevo un embarazo agradable, rodeada de afecto o por el contrario un embarazo difícil con carencias afectivas. Desde que la vida se está gestando en el vientre materno ya se están creando esas interpretaciones que más tarde se utilizaran para responder a la vida. Si bien todo esto no lo podemos recordar, si ha quedado registrado en la parte inconsciente de nuestra mente. Y ya sabes que el 90% de nuestra conducta es respuesta de nuestros procesos inconscientes.

Por lo que cada experiencia va fortaleciendo nuestra autoestima, formando nuestro autoconcepto, nos va dando la capacidad de resiliencia, de empatía, de congruencia, y va favoreciendo nuestra comunicación asertiva. Sin embargo, también, cada experiencia puede menoscabar en nosotros esas habilidades para amarnos eficazmente y brindar amor sano a los demás. ¿De qué depende que se favorezcan o se limiten estas herramientas para la vida? Todas las edades son importantes en nuestro proceso de crear nuestra autoestima, nuestra autopercepción y por tanto nuestra forma de conducirnos ante la vida, pero de los 0 a los 7 años es una etapa vital para favorecer el cómo será nuestro comportamiento de adultos. (Atención especial a la palabra favorecer, que no es determinar). Durante esta primera etapa de la vida es importante que los padres establezcan vínculos afectivos sanos; es decir que el menor se sienta querido, valorado, respetado, aceptado, protegido y comprendido. Cuidando de no enviar mensajes equivocados, como el condicionar el amor "si te portas mal ya no te voy a querer", "no debes llorar porque los niños no lloran", "préstaselo las niñas buenas no son envidiosas"

Recuerdas que al inicio hablamos de la frase que usamos en psicología "Somos como nos quisieron" Pues bien, vamos a ver a fondo la relevancia de esta frase. Desde que nacemos vamos escribiendo esa historia de vida, de la que ya hablamos, tanto conscientemente como a nivel inconsciente.

A nivel consiente se van creando patrones de conducta de acuerdo a los aprendizajes de nuestros primeros años, todo lo que vemos al interior de la familia, lo que nos permiten y lo que no nos permiten cuando somos niños, los limites o reglas que utilizaron para nuestra educación, las palabras para dirigirse a nosotros o a otros miembros de la familia. En este nivel consciente está todo lo que recordamos ya sea feliz o *no grato a nuestra percepción*. Y aquí hare un paréntesis, *todo lo que nos sucede tiene diferentes interpretaciones y esto depende de nuestra percepción*. ¿Cómo funciona? De aquellas situaciones que estamos viviendo seleccionamos parte de ello, generalmente es en lo que para nosotros resulta más significativo (nuestra atención se focaliza solo parcialmente), organizamos esa situación con información o experiencias previas, y a partir de ello damos una interpretación de lo que estamos viviendo. Es esta interpretación la que nuestro cerebro va a registrar, si te das cuenta, no solo se filtran los estímulos externos, si no que la información recibida va cargada de nuestros pensamientos y sentimientos. Y es aquí donde nos encontramos dando vueltas a nuestra historia, caminando en círculo con las mismas respuestas que hasta hoy no han funcionado como lo esperaríamos y sin embargo seguimos utilizándolas porque es lo que nuestra mente tiene para dar, nuestro cerebro nos da las herramientas para la vida de acuerdo a nuestros pensamientos, de acuerdo a nuestras creencias existentes en nuestros registros neuronales. Es por ello que, si nosotros analizamos nuestra vida, nos vamos a dar cuenta que, en su mayoría de casos, no ha evolucionado significativamente. ¿Cuántos años llevas queriendo hacer un viaje que no has realizado, emprender un negocio que no has puesto, terminar una relación que no aporta a tu existencia o peor aún que te está dañando, cambiar de trabajo que no te resulta gratificante, aprender un idioma, tomar clases de baile? y seguramente la lista sería inagotable.

Regresemos a esta parte consciente, todo aquello de lo que si nos damos cuenta.

Durante una sesión de terapia una joven, de aproximadamente 25 años, me hablaba de su relación de pareja y de lo que esa persona significaba para ella. En su narrativa menciono lo siguiente: "no es como yo quisiera, no tenemos mucho de que platicar por qué pensamos diferente y a veces es algo celoso, *pero al menos es un hombre fiel"*. Hizo un silencio, el cual aproveche para preguntar lo siguiente; ¿cómo es tu papá? Su respuesta fue un claro ejemplo de percepción. –pues como son casi todos los hombres. Replique ¿Cómo son? Es un hombre muy bueno, solo que un poco reservado y algo enojón, pero nos quiere mucho, claro que cuando lo hacemos enojar se le salen sus palabrotas.

Ahondando en su historia familiar, me conto que su papá le había sido infiel a su mamá en repetidas ocasiones, que las primeras veces que su mamá se había enterado lloraba, reclamaba e incluso llegaban a los golpes durante los reclamos, después todo estaba en calma y meses o años después la historia se volvía a repetir. Hasta que la relación de los padres se desgasto tanto que cada quién hacia su vida, pero seguían casados y cuando se reunían los silencios eran tan prolongados que incomodaban a los hijos. Y si se escuchaban diálogos eran de reclamos, insultos hacia las hijas e inclusive reproches de que por ellas estaban juntos, que agradecieran el sacrificio que estaban haciendo para que ellas no anduvieran en boca de la gente y tuvieran una familia. Un comentario que realizo al narrar esta parte de su vida resulta ser muy significativo con respecto a la creencia que ella se formó sobre las parejas y el amor. "Creo que en el fondo mis papás se quieren, pero son así porque también así fueron mis abuelos, mi abuela siempre le decía a mi mamá que tenía que permanecer con mi papá porque ella lo eligió y además así eran todos los hombres."

Nuevamente, ¿Te suena familiar esta situación? Son circunstancias tan comunes, pero no por ello quiere decir que nos debemos acostumbrar, es verdad que resulta doloroso aceptar que vivimos situaciones de este tipo, a veces como en el caso de la mamá de mi paciente, terminamos por acostumbrarnos, lo que no es sano para nuestro desarrollo como seres humanos, ni para nuestro entorno.

Durante otra sesión con la misma paciente le hice la pregunta: ¿Laura tú te quieres? (y conste que no fue un ¿te amas?) a lo cual respondió con una sonrisa un tanto nerviosa y burlona, -

Por supuesto que me quiero, a lo que repliqué ¿Cómo sabes que te quieres? Volvió a responder, "porque me tengo que querer" ¿te das cuenta del aprendizaje consciente que esta joven tiene de lo que es el amor? Y como lo observado ha ido formando su creencia del amor, incluso con ella misma. Desde su paradigma, en las relaciones de pareja es normal las faltas de respeto, las infidelidades, estas situaciones ya son incluso tradición familiar, y aunado a esto el amor se vuelve una obligación, simplemente se tiene que dar.

Experiencias impactantes
Ahora bien, ya nos dimos cuenta que no hay una infancia perfecta, todos crecemos con ciertas carencias o complicaciones que en algunos casos han contribuido a esa falta de seguridad y amor hacia uno mismo, otros en cambio recordamos una infancia favorecedora debido a que el abrigo familiar compenso los aspectos negativos que todo proceso evolutivo tiene. En cualquiera de los dos casos la autoestima se puede ver dañada en la vida adulta, el haber tenido una adecuada infancia no nos exime de perder esa autoestima sana que hasta cierto momento se tenía. La diferencia entre

haber tenido experiencias tempranas favorecedoras o no va a radicar en esas herramientas para la vida de las que ya habíamos hablado. Una situación dolorosa, humillante, un divorcio, una perdida material, una infidelidad, la presencia de una enfermedad que cambie nuestro estilo de vida o nuestra apariencia física, vivir violencia en cualquiera de sus manifestaciones son experiencias que impactan en nuestra vida, provocando una pérdida de autoestima paulatina o súbitamente.

HISTORIA DE VIDA

Crecí cobijada por el amor incondicional de mis abuelos maternos, con reglas estrictas porque así era la usanza de ellos, con apapachos, palabras afectivas, también regaños cuando eran necesarios y observando algunos desacuerdos entre ellos. No hubo diferencias entre las reglas que estipularon para mi hermano mayor, mis hermanas o yo. A diferencia de las historias que me contaban mis tíos y mi madre a cerca de su infancia, considero la mía una etapa feliz, se me permitió opinar, preguntar, tomar decisiones (de acuerdo a mi edad). Tuve la oportunidad de sobresalir en la escuela, ya que siempre conté con el apoyo de mis abuelos para participar en todos los eventos que me interesaran, bailables, desfiles, competencias deportivas, viajes estudiantiles, etc. Esto me dio la base para crecer como una niña segura de mí, a pesar de que mis padres se encontraron ausentes durante gran parte de mi infancia, ya que fue hasta mi adolescencia cuando ellos regresaron de vivir el sueño americano.

No pretendo contarte toda mi historia de vida porque con

seguridad no resultaría más interesante que tu propia historia, además de ser poco relevante para compartirte el aprendizaje de vida que obtuve y que se une a mi hacer profesional, por lo que solo detallare las partes notables para el objetivo de este libro.

El matrimonio de mis abuelos es relevante para mi historia y mi aprendizaje porque de ahí tomé gran cantidad de creencias que dirigieron mi vida por mucho tiempo, ya que fue el núcleo familiar que me cobijo, me nutrió y *estableció los parámetros consientes e inconscientes en los que yo me permitía moverme*, hasta que me di cuenta cuanto estaba limitando mi existir.

Cuando empecé a vivir con mis abuelos ellos tendrían aproximadamente 48 años, muy jóvenes para ser abuelos de una niña de 7 años, edad en la que recuerdo empecé a vivir con ellos de manera total, porque antes de la partida de mis padres ya vivíamos como una familia extendida, así que, como lo saben quienes viven bajo estos regímenes familiares las opiniones de los abuelos son de gran peso. Aunque ahora comprendo que eran jóvenes no para ser abuelos, sino para vivir su vida matrimonial como la llevaban, y que tenían muchos roles en la vida por hacer en los que no se estaban desarrollando. En esa época su forma de vivir era normal, según mi percepción, y así lo introyecté. Entre los abundantes recuerdos del matrimonio de mis abuelos era que tenían una relación de tolerancia y afecto, mi abuela era una mujer muy comprometida con los roles de mamá (ese fue el papel que desempeño para mis hermanos y para mi durante 6 o 7 años), de ama de casa, de "esposa", siempre atenta a servir las comidas de mi abuelo a las horas establecidas, de mantener la ropa impecable y pocas veces lo llegaba a contradecir abiertamente, y digo abiertamente porque finalmente era ella quien tomaba las decisiones de lo que se hacía en casa o no. Mi abuelo hombre de carácter fuerte, con voz de mando, afectuoso con mis hermanos y conmigo, alegre, optimista, gustaba de jugar béisbol y emprender largas caminatas matutinas. Pese a lo afectuoso que eran mis abuelos con nosotros no tengo recuerdos de demostraciones de amor entre ellos. Abrazos solo en navidad, en fechas festivas y cumpleaños, y si esto fuera poco desde que mi abuela tenía 40 años dormían en habitaciones separadas. Pero eso sí, cada año celebraban su aniversario de bodas y orgullosamente celebraron sus bodas de plata. Mi abuelo murió cuando tenía

70 años y mi abuela se convirtió en una viuda tal vez infeliz, pero con la cabeza muy en alto porque solo mostro su desnudez a un hombre, y me atrevo a decir que fue una viuda infeliz porque cuando empecé a estudiar psicología me volví inquisitiva, observaba la conducta de quienes me rodeaban y no me parecían congruentes, incluyendo mi conducta.

Entre las largas charlas que tuve con mi abuela, de las cuales terminábamos ambas en un mar de lágrimas, me conto que, aunque mucho tiempo atrás de ser viuda no era feliz, no sentía amar a su marido se había acostumbrado a él y que el divorcio nunca fue una opción, porque una mujer que tiene un marido, lo deja y se vuelve a buscar otra pareja corre el riesgo de volverse una "puta". Ella no deshonraría de esa manera a su papá. Con la tristeza que se veía en sus ojos, como si lo estuviera viviendo en ese momento, me dijo que mi abuelo había hecho cosas que ella no podía perdonar, por tal motivo nunca le permitió que volvieran a tener relaciones sexuales. ¿Qué sucedió entre ellos? Esa es una historia que desconozco, y en realidad no me corresponde, lo que si me corresponde son los aprendizajes que adquirí, revisar las creencias que introyecté y limpiar mis memorias de aquello que limita mi existir y que no resuena con mi esencia.

Disonancia cognitiva

¿Habías escuchado este término? Pues bien, una disonancia cognitiva se refiere a esa tención que experimentamos cuando pensamos una cosa y hacemos otra, generalmente sucede cuando dos creencias internalizadas se debaten al interior de nosotros generando fuertes emociones. Todos hemos experimentado disonancias cognitivas a lo largo de nuestra vida, lo interesante de esto es que al igual que en las crisis es una oportunidad de crecimiento de expandir nuestras creencias y limpiar nuestras memorias. Nos brinda la oportunidad de revisar y reflexionar sobre nuestros valores, deseos y comportamientos y si la revisión es profunda nos daremos cuenta que de esto realmente nos pertenece y que ha sido **introyectado** del núcleo familiar, o la sociedad en general.

Sin embargo, si no analizamos esas disonancias, solo experimentaremos la tensión, pero no resolveremos nada y terminaremos preguntándonos constantemente por que hice esto o aquello si en realidad yo no lo quería hacer ¿te ha pasado, has terminado haciendo cosas que a los minutos de realizarlo te has arrepentido? ¿has hecho cosas que aún no te explicas porque lo hiciste?

Después de esa platica con mi abuela, dije conscientemente que yo no me permitiría una relación así, fría, falta de amor y sin muestras de afecto, que no me importaría lo que los demás pensaran si tenía una pareja y luego otra, lo importante era ser feliz amada y respetada. Cuestione la cobardía de mis abuelos para cambiar su vida, cuestione el egoísmo de mi abuela el ¿por qué aferrarse a alguien si no lo podía perdonar? ¿por qué no darle y darse la opción de libertad para rehacer su vida? Mi tensión y lucha emocional entro (disonancia cognitiva) con una sutil voz que decía ¿qué va a pensar tu abuela de ti? ¿tampoco te va a importar? ¡así no te educaron! ¿Y si después te vuelves una puta brincando de cama en cama? acalle esa voz diciendo "no me sucederá eso a mí"

El problema con estas situaciones es que pasan tan rápido esos pensamientos que en su mayoría de veces se quedan como **improntas** en nuestra mente, pasan a ser procesos inconscientes, y se convierten en el 90% que conducirá nuestra vida.

¿Qué hacer para que esa disonancia tenga los efectos positivos que ya mencionamos? La respuesta es introspección, cuando una situación te esté incomodando, una decisión te cause irritación date el tiempo para analizar que emoción exactamente te está generando, date el permiso de sentir esa emoción, conectar con ella y con que de tus experiencias previas se relaciona. Créeme funciona, es una estrategia que utilizo en el consultorio y que yo utilice después que deje de huir de mis emociones.

Perdida de amor propio paulatinamente
Continuando con mi historia de vida, te ejemplificare como es que se puede ir perdiendo el amor propio poco a poco, que a veces no es perceptible, hasta que llegas a un punto que no te reconoces.

Llegue a la adolescencia siendo una chica con mucha seguridad, con una actitud positiva y despreocupada ante la vida, no ejercía ninguna religión más sin embargo tenía una fuerte fe en mi padre eterno, sabía que él me cuidaba y consultaba con él hasta las decisiones más pequeñas. Cuidaba mi cuerpo y alimentación sin caer en la exageración. Preguntona, sociable, servicial, afectuosa, persistente, y arriesgada. Sí, esa era yo, me conocía, me amaba y mucho.

Tuve dos novios antes de encontrarme con quien sería mi compañero de vida por más de una década. Ninguna de esas relaciones fue de impacto en mi vida, el primer novio tendría 17 años aproximadamente y yo dos años menor, duramos un par de semanas debido a que mientras paseábamos por un parque él se detuvo a platicar con unas amigas y me dejo parada por unos minutos, no me presento y para mí eso fue una gran humillación, termine con él sin pensarlo, no acepte sus disculpas ni sus explicaciones. Mi segundo noviazgo que duro alrededor de cinco meses fue con un chico de aproximadamente 22 años cuando yo tenía 17. Esa relación nuevamente la terminé, cuando visitándole en su negocio lo encontré sentado en el piso, detrás del mostrador, abrazando a una chica que había sido su novia antes de mí, ella lloraba desconsolada, pero en sus brazos. En cuanto él me vio se levantó inmediatamente, ella no me conocía. Él solo dijo "Yuli ¿en qué te puedo ayudar, te puedo ir a ver a tu negocio más tarde? Le dije que sí y salí, fue el final de esa historia. Te darás cuenta porque son relevantes en mi narrativa, aunque no hayan trascendido en mi vida, al conocer mi historia con quien fue mi compañero en una larga, linda y perturbadora parte de mi camino.

Lo conocí cuando yo era muy joven, no llegaba a los 19 años, él mayor que yo, al igual que los chicos de mis breves relaciones anteriores, solo que ahora la diferencia de edad era más marcada. De acuerdo a la teoría Freudiana, mi elección de pareja de forma inconsciente se derivaría de resolver conflictos de la infancia y llenar esas carencias existentes.

> "Se hace una petición a la pareja de algo que se carece
> y de compartir algo de nosotros" (Scarano. 2005)

Con esas herramientas para la vida que desarrolle en mi infancia inicie mi relación de pareja profundamente enamorada. Con las creencias que tome de mi núcleo y de la sociedad en general construí mis expectativas de lo que debe ser una relación de pareja, y más tarde entendí que también había delimitado una zona de la que no me permitiría salir para cumplir los acuerdos inconscientes que había pactado con mi abuela. De ahí que sea tan importante conocer la historia familiar, ¿Qué tanto conoces tú de la historia de tu familia? Recuerda la frase que se le atribuye a Napoleón Bonaparte "aquel que no conoce su historia está condenado a repetirla"

Tuve una historia de pareja bella, durante un tiempo sentí que era perfecta y que tendría el final "y vivieron felices para siempre", como nos los cuentan las películas Disney.

Mi ex compañero de vida, un hombre inteligente, simpático, astuto, de una facilidad de palabra excelente, carismático, hábil, emprendedor y como todo ser humano con una historia de vida propia en la que yo no tenía nada que ver, con sus propios demonios que enfrentar, con sus propias carencias que resolver que se manifiestan en el pensamiento y por ende en las acciones. Decidimos unir nuestras vidas al poco tiempo de conocernos, no hicimos ni un año de noviazgo, por lo que todavía nos encontrábamos en la fase del enamoramiento, esa etapa maravillosa del amor donde las virtudes se magnifican y los defectos se minimizan debido a que nuestro cerebro está funcionando como una coctelera neuroquímica.

Iniciamos nuestra vida apoyándonos, buscando el bienestar mutuo. Él estaba empezando su independencia laboral, principiaba la construcción de su propia empresa, yo continué estudiando. Fue una etapa de una búsqueda de equilibrar nuestra relación de pareja y nuestras metas personales. Equilibrio que no pudimos encontrar, él era muy sociable, amable en general, pero enfatizaba al tratarse de mujeres bellas. Yo estaba muy comprometida con mi formación académica. Al egresar de la licenciatura inmediatamente empecé a trabajar en un bachillerato, y me surgió la necesidad de seguir especializándome, así que ahora me encontraba haciendo un diplomado en psicoterapia humanista, al terminarlo continué con un diplomado en psicometría. Mi meta ahora era dar clases en universidad, así que estudiar una maestría era lo que seguía. Por lo que me encontraba estudiando, dando catedra, atendiendo consulta privada, y cuando era posible dando conferencias para escuelas y asociaciones. A pesar de lo ocupada que me mantenía, una mujer se da cuenta cuando el compañero ha perdido el interés en una, cuando la relación se empieza a tornar distante y fría. Así que, ¿recuerdas? Eso no me pasaría a mí.

Intente bajarle al trabajo, pero no podía hacerlo con la consulta o la catedra eran y nuevamente son mi pasión, aunque por un tiempo dejaron de serlo.

Empecé a buscar a mi pareja en todos los aspectos, invitarlo a comer, a realizarle llamadas frecuentes, estar al pendiente de los detalles en casa. Lo que él no tomo nada bien, se sintió acosado por mí, perseguido, estudiado. Recuerdo que varias ocasiones molesto me pidió que dejara de observarlo. En una ocasión mientras comíamos en un restaurant, sonó su celular, no contesto, empezó a escribir un mensaje, no dije nada, solo lo observé. "Te has vuelto astuta para estudiar a la gente" fue la frase con la que se levantó de la mesa y me quede comiendo sola. Y como este tipo de situaciones se repitieron infinidad de veces, era evidente que había alguien más, y eso me dolía mucho no solo porque estaba enamorada aún, si no también era porque inconscientemente estaba ese pacto de continuar con las creencias de mi abuela a la que amaba profundamente, "yo no la deshonraría de esa manera" *no sería la oveja negra de la familia.* Aunque, eso no era evidente para mí en esos tiempos, actuaba sin comprender mi proceder. Muchas veces yo misma me recriminaba con frases como; "que tonta, no tonta no estúpida te has vuelto" entre otros discursos más auto-ofensivos.

No quería enfrentar la situación, aunque le recriminaba en algunos momentos su conducta, no me atrevía a preguntar abiertamente, sabia en el fondo, aunque me encontrara en ese momento en la fase de negación, que lo que descubriría no quería enfrentarlo. Él tampoco proponía una separación, aunque su conducta manifestaba que el amor que en otros tiempos tenía por mí se había acabado. Con cada rechazo suyo me sentía más tonta, una mujer sin chiste, ya no sentía esa pasión por vivir, el espejo me empezó a reflejar una mujer fea, insegura, indecisa, ambivalente; pensaba, sentía y actuaba en total incongruencia. Evitaba tomar compromisos laborales, evitaba el trabajo con asociaciones, no me sentía capaz para dar esas conferencias que antes tanto me entusiasmaban, pretextaba falta de tiempo o no llegar a acuerdos económicos, cuando en otros momentos lo habría hecho incluso sin remuneración, porque la experiencia de ayudar y poner en práctica mis conocimientos era fascinante. Y lo grave del asunto es que esos pretextos me los contaba a mí y me los creía, no me daba cuenta de lo que estaba sucediendo en mi ser.   Como hablar de empoderamiento a la mujer, de autoestima, de relaciones de pareja sanas y funcionales, si era de lo que estaba carente. Los temas que de la psicología me habían apasionado por años y en los que había desarrollado mi hacer profesional ahora no tenían sentido, mi profesión no tenía sentido, mi vida la sentí vacía.

Sin embargo, yo seguí aferrada a no ver las señales que mi expareja daba, mis invitaciones seguían, mis regalos sin razón alguna, mi búsqueda en la intimidad, sus evasiones, sus agradecimientos fríos por los regalos, pero no abrirlos dejarlos a un lado o a veces su frase "para que me lo compraste no lo necesito" Por lo tanto, mi llanto crecía, mi dolor en la soledad se hacía más profundo, porque eran cosas que no hablaba con nadie como contar que yo "la psicóloga" estaba pasando por esa situación, como buscar ayuda profesional eso era para las personas que verdaderamente están mal. ¿te has encontrado en esta situación de no querer ver, de no querer aceptar? Continúe declinando el trabajo hasta que dos sucesos me hicieron cambiar de actitud antes de mi punto de quiebre.

En una mañana que tenía que salir de la ciudad para asistir a un Simposium de psicología, le pedí que fuera conmigo, que me acompañara. Le dije que al terminar el evento podíamos pasarla bien juntos, que hacía tiempo no nos tomábamos un espacio para compartir en pareja, en nuestras salidas siempre estaban incluidos familiares o amistades. Su respuesta me cayó como un balde de agua helada, "búscate una vida, búscate un novio o alguien que te entretenga, no ves que yo soy un hombre ocupado, tú eres libre y yo soy libre de hacer lo que quiera" fue la primera vez que ante sus palabras de rechazo no llore. Solo me daba vueltas en la cabeza, "perdón atiendo un consultorio, doy clases en dos universidades, te ayudo con la documentación de la empresa, continúo estudiando, hago ejercicio…" me repetí este discurso una y otra vez en la mente, no me di cuenta que era mi ego tratando de protegerme, reprimiendo mis emociones y disfrazando la situación de mi amor propio con una autoestima inflada. No quise leer entre líneas su mensaje claro y nada sutil. El segundo suceso fue cuando después de recibir una llamada por la noche, el pretendía salir con lo que yo inicie una discusión. Como acostumbraba hacerlo se salió a realizar su llamada al estacionamiento y regreso de mal humor, me fui a sentar a la sala con él empecé a abrazarlo y le dije hace mucho que no estamos juntos, talvez eso es lo que falte en nuestra relación. Su respuesta ya no me sorprendió; me dolió y me sacudió, "Deberás que todo eso que estudias ya te esta trastornando, hasta ninfómana te vas a volver"

Después de eso sublime, no era amada por quien en ese momento consideraba mi compañero de vida, y ya no me lo podía negar más. Pero aceptarlo no sabía cómo hacerlo. Me decía una y otra vez tan fácil y bella que sería la vida si esto no estuviera pasando. Comencé a trabajar más, a atender todos los pacientes posibles, a tomar más carga académica en las dos universidades en las que colaboraba, me levantaba a las 4:30 de la mañana, me bañaba con agua fría para salir a correr a las 5:00 de la mañana, empecé corriendo 3km y a la semana estaba haciendo 10km diarios y posteriormente 15km. Dejé de orar y agradecer a mi padre celestial porque no me sentía escuchada, sentí que me había abandonado, sin darme cuenta que su amor estaba presente en todos los días de mi vida, que él era quien me daba la fuerza para estar en pie todos los días. Forcé mi cuerpo, debilité mi espíritu y mis emociones las reprimí hasta donde me fue posible. Y fue en esta etapa de mi vida donde mi autoestima baja disfrazada de alta autoestima escribía mi historia, no escuchaba opiniones no eran lo suficientemente buenas para ser tomadas en cuenta, me aleje emocionalmente de mi pareja y aún más físicamente, aunque compartíamos la misma casa. "Las relaciones de pareja eran un fraude y una pérdida de tiempo, sin embargo, seguiremos juntos y algún día se arrepentiría de lo que me hizo" era la creencia con la que me protegía para no salir de mi zona de confort. *Me instale en el papel de víctima* pensando en el gran dolor que me había causado el hombre al que tanto había amado, al que le había dado tantos años de mi vida.

Y bueno forzando mi cuerpo, reprimiendo a la mente y desconectándome de mi espíritu ¿cuánto tiempo podía continuar así? Fueron seis meses, lo que dura un semestre escolar, y después de terminar el compromiso con la universidad. Me tome unas largas vacaciones de casi dos años en las que me desconecte de la psicología, me sentía arrepentida de haber ocupado tanto tiempo en estudiar, me aleje de todo lo que hasta ese momento había sido mi vida, deje de hacer ejercicio, hice aun lado totalmente mi vida espiritual. Y me sentí perdida. *Pasaba de sentirme culpable; de no sentirme lo suficiente para que mi pareja se mantuviera enamorado, sentía que era una mujer incompleta y que algo muy malo debía haber en mí, a tener pensamientos donde seguramente Dios me estaba castigando por algo, y posteriormente sentimientos de resentimiento de coraje incluso de odio hacia mi pareja por todo lo que, según mi rol de víctima, me hizo.* No tarde en empezar a manifestar síntomas de depresión.

"Amurallar el propio sufrimiento es arriesgarte a que te devore desde el interior"

Frida Kahlo

Y ¿Qué crees? desde el papel de víctima no podemos solucionar nada, porque cedemos todo nuestro poder a alguien más, dejamos la responsabilidad de nuestra propia vida sobre otros y con ello la capacidad de toma de decisión, ese famoso y bendito regalo que Dios nos dio para vivir y experimentar en esta maravillosa tierra "el libre albedrio" ¿no te parece que Dios es muy amoroso al concedernos ese regalo? significa la posibilidad de escribir cada quien nuestra propia historia, ¿Qué nos impide que sea fabulosa? ¿Qué te impide ahora hacer un alto respirar profundo y revisar a donde te llevan tus decisiones actuales?

¿Te das cuenta que las cosas no suceden de la noche a la mañana? (a excepción de los accidentes o los desastres naturales) Lo mismo sucede con nuestra autoestima, con nuestro auto concepto se va construyendo día a día con cada acción realizada, con cada experiencia ofrecida a nuestra mente, el problema es que nos mantenemos enajenados, reprimimos las emociones,

Todos los eventos por los que atravesamos en la vida tienen siempre más de una solución, nos brindan la oportunidad de cambio y varias interpretaciones que dependiendo de la que elijamos construiremos nuestra realidad y al mismo tiempo nuevas herramientas para la vida, derribando límites impuestos en nuestra mente.

¿Cuál es esa experiencia impactante que elegiste vivir? Puedes estar de acuerdo conmigo o no, en que todo lo que vivimos es una elección, a mí me llevo dos años de mi vida asumir mi responsabilidad ¿Cuánto tiempo te vas a tomar tú para para hacer esa reinterpretación de tu historia? Si hubiera visto lo que hoy es evidente para mí, créeme no me habría regalado dos años de baja autoestima, no me habría permitido dos años de depresión, y no me habría permitido dejar de poner al servicio de los demás mis habilidades y con eso la posibilidad de seguirme desarrollando como ser humano.

¿Cómo salí de mi rol de víctima y asumí la responsabilidad que me toca para construir esta vida que hoy tengo, que no es perfecta, pero en la que me siento realizada día a día? Reintegrándome como ser humano, tomando la decisión de no seguir en esa situación, contactando con mis emociones y trazándome un proyecto de vida. Trabajaremos en ello.

"Cuando ya no somos capaces de cambiar la situación, nos encontramos ante el desafío de cambiarnos a nosotros mismos"

"Víctor Frankl"

PARTE 3

¿POR QUÉ ES TAN IMPORTANTE TENER UNA AUTOESTIMA SANA?

"No te rindas, aun estas a tiempo de alcanzar y comenzar de nuevo, aceptar tus sombras, enterrar tus miedos, liberar el lastre, retomar el vuelo"

Mario Benedetti

Áreas de la vida que se ven impactadas por la autoestima

En palabras rápidas y sencillas no hay una sola parte de nuestra vida que sea inherente a la autoestima, y al autoconcepto. Como ya lo vimos, todos nuestros pensamientos y por tal nuestras acciones están relacionadas con nuestro grado o nivel de amor que nos tengamos.

Sabemos que cada ser humano es diferente, con necesidades y expectativas de vida particulares, por lo que su desarrollo se dará en áreas especiales de acuerdo a su forma individual de vivir. No todos los seres humanos se encuentran desarrollando las mismas áreas, sin embargo, para mantener un determinado balance emocional y físico mínimo deberíamos estar aportando a nuestro crecimiento en determinadas áreas, como; la salud, el área familiar, fortalecimiento de la pareja (si la hay), nuestras relaciones interpersonales, el crecimiento laboral o profesional, el desarrollo espiritual, nuestras finanzas, y darnos un espacio para la diversión, ya que tambіén es muy importante. Sumándole a esto cada persona deberá ir aumentando áreas de desarrollo de acuerdo a sus propios objetivos de vida. No obstante, cuando nuestra autoestima está dañada, estas áreas se verán afectadas, tal vez sin ningún crecimiento o con toda la atención y energía solo en un área descuidando los demás aspectos de la vida. Veamos un ejemplo muy común, que tal vez lo puedes observar dentro de tu familia o tu círculo social, la mujer que sin importar como era su vida antes del matrimonio, una vez casada decide dedicar todo su tiempo y energía a las labores de su hogar y a atender al esposo y la familia. Con esto no estoy diciendo que este estilo de vida sea inadecuado, en algunas épocas era lo "normal" piensa en esto ¿Qué pasara con esta mujer si el esposo muere, le es infiel o por cualquier otra razón decide separarse? En consulta suelo explorar como está la vida de mis pacientes con una actividad muy sencilla. Les pido que dibujen un pastel, lo que representa su vida, y que lo dividan en lo que ocupan su tiempo y su energía durante el día, constantemente mis pacientes casadas utilizan sus días en actividades de la familia, actividades cotidianas como el aseo de la casa, preparación de los alimentos, llevar y recoger a los hijos del colegio, algunas más se dedican una hora para hacer ejercicio y por supuesto atender al esposo. Si trasladan estas actividades a las áreas de desarrollo se encontrarán con que solo dos o tres áreas se están fortaleciendo. Y después nos preguntamos por qué una mujer no se puede sobreponer a la perdida de la pareja, por qué se llena de amargura. Si el pastel de su vida lo ocupa un 50% la pareja y el otro 50% los hijos ¿Qué la sostiene que la nutre de dónde toma fuerzas ante una perdida así? Y lo mismo les sucede a los hombres cuando no diversifican sus áreas de desarrollo y su mayor tiempo y energía la utilizan al área laboral, y de las finanzas. Cuántos casos no vemos de hombres que entran en depresión, caen en adicciones ante un revés en sus finanzas o la perdida de ese trabajo de años. Y les cuesta muchísimo trabajo sobreponerse. Estos son solo ejemplos; lo interesante de esto es que revises en ti como estas viviendo, a qué y con quién compartes el pastel de tu vida.

Ahora bien ¿cómo nos afecta una baja autoestima específicamente en el área de la salud? Ya mencionamos, empezamos con esas creencias negativas que tenemos acerca de nuestra propia persona y no solo se quedan en nuestra mente, se graban en nuestra estructura neuronal, impactando de forma general a nuestras emociones, y dependiendo que emoción estemos experimentando en nuestro cuerpo circularan gran cantidad de químicos que afectan nuestra salud física.

En ocasiones, equivocadamente, pensamos que la vida laboral y nuestras finanzas carecen de relación con el amor propio y que los resultados satisfactorios recaen en las habilidades técnicas o en el coeficiente intelectual. Nada más alejado de la realidad. ¿Recuerdas? Como te vives en un área de tu vida, te vives en otra.

Sí, es importante prepararse, actualizarse en el área profesional (y no estoy hablando justamente de formación académica), tener conocimiento de finanzas personales, prepararte con ciertas estrategias que te ayuden a desarrollar más eficazmente tu trabajo, no obstante, si no hay amor propio, si no hay autoconfianza, es muy fácil que autosaboteemos nuestro crecimiento en las otras áreas por el miedo y las creencias limitantes que tenemos en nuestras propias habilidades, sin importar cuan preparados estemos. La educación intelectual o técnica solo es una parte de nuestra formación, hay que sumarle valores, inteligencia emocional, objetivos claros, tener la humildad y disposición para aprender de todo lo que nos rodea para lograr esa transformación que nos haga sentir plenos.

¿Te has encontrado con personas que son excelentes en su profesión y sin embargo no despegan, no avanzan? Y caso contrario personas que tal vez no son tan hábiles en su hacer profesional y, sin embargo, se encuentran mejor posicionados. No es nada sorprendente si en un caso hay una baja autoestima y en el otro no. ¿Cómo hacer propuestas si estoy insegura, si me siento menos que otros, si no tengo la capacidad de defender mis puntos de vista o si hay temor a expresar una opinión y ser juzgados o desaprobados? ¿Cómo mostrar mis proyectos, si antes de acabarlos ya determine que no son lo suficientemente buenos? ¿Cómo persistir si ante el primer rechazo me lo tomo personal y pienso que el mundo está en contra mía? ¿te ha sucedido? ¿le ha sucedido al primo de un amigo?

Y hablando de las finanzas, obviamente todo lo anterior se

verá reflejado en nuestra economía y si a esto le sumamos que cuando tenemos carencia de amor propio; ya sea que se manifieste como una baja autoestima o una autoestima inflada, en ambos casos empezamos a llenar esos vacíos existenciales con cosas materiales que en su mayoría de ocasiones no son necesarias, llevándonos a gastar más de lo que ganamos, más de lo que necesitamos. ¿Qué tal esas compras o gastos porque no podemos decir no? O esas compras financiadas, que a la larga nos llevan a pagar más del valor real, porque al igual que los niños tenemos la necesidad de la gratificación inmediata.

Antes de que el autor y psicólogo Daniel Goleman, con su teoría de la inteligencia emocional, empezara a crear conciencia de la importancia de esta para el desarrollo del ser humano de forma integral, el filósofo Aristóteles dejo ver la importancia en su famosa frase *"Educar la mente sin educar el corazón, no es educar en absoluto"*

Como podemos darnos cuenta, amarse está implícito en el desarrollo de toda nuestra vida, no hay una sola área que no se vea influenciada por el amor que nos manifestamos, y no se trata de sentimentalismos como algunas veces he escuchado en terapia. Cada área de nuestra vida funciona como un engranaje de una maquinaria perfecta, que somos nosotros, si uno de estos engranajes se ve afectado se irá dañando poco a poco las otras áreas.

Sueños abandonados por falta de autoconfianza

Aún recuerdo la primera conferencia que di, en un pequeño salón del DIF de mi ciudad, para personas de la tercera edad, con no más de 70 asistentes. Estaba por terminar la carrera, recuerdo que me sudaban las manos, con los nervios a flor de piel, sí, con un poco de miedo, pero la emoción era mucho más grande que cualquier temor. Llegaban dudas que me inquietaban como; ¿si el discurso era el adecuado para la ocasión y el entorno? ¿si la información era correcta en palabras claras y entendibles, sin rebuscamientos? ¿Si el mensaje cambiaría algo en ellos? ¿si mi mensaje aportaría algo a sus vidas? En ese tiempo era una jovencita, muy enamorada de mi profesión aun en formación académica. Al terminar ese pequeño evento, pero tan gratificante, al acercarse las personas y decirme que se sintieron entendidas y que todo lo que escucharon les había emocionado, que tenía tiempo que no se sentían atendidos y valorados, me sentí tan feliz con una plenitud en el corazón, que hoy que la recuerdo me pregunto ¿cómo pude olvidarme de esa sensación que me hacía sentir tan viva, que hacia vibrar a mi espíritu? Ese día rememoro que, con una sonrisa muy segura de mí, me dije que era el principio y que esa sería una de las actividades que más disfrutaría hacer en lo que refería a mi profesión, porque era una bella forma de impactar a grandes grupos.

Y lo que puedo observar de aquella experiencia es el interés que tenía por tocar positivamente la vida de otros por medio de lo que hacía, ayudar a otros seres humanos a sanar emocionalmente. Analizo esos recuerdos y en ningún momento me evoco pensando en ¿que iban a pensar de mí? ¿si lo haría bien? mi enfoque no estaba en mí. Totalmente opuesto a lo que empezó a suceder cuando mi autoestima estaba por los suelos, ahora estaba tan centrada en mí, en mis necesidades emocionales, en aquello que yo consideraba "mis deficiencias". Me sentía absurda en mi discurso, no lo sentía real porque ya no era capaz de trasmitir esa pasión por la vida, por supuesto que no podía dar algo de lo que yo carecía.

Que perdí de vista lo realmente importante a la hora de mi desempeño profesional, que es el "otro", los seres humanos con los que nos estamos relacionando.

Y algo que quiero que te des cuenta es que el vivir nuestros sueños, el desempeñarnos en aquello que nos apasiona no es un acto de egoísmo, es vivir tocando vidas por pequeño que sea ese impacto.

¿Con que has soñado tú? ¿Lo recuerdas identificas esos sueños que guiaban tu corazón, que guiaban tus acciones, aun recuerdas esos sueños que tal vez en estos momentos te parezcan locos, inalcanzables, faltos de cordura? Piensa en ellos y hazte las siguientes preguntas; ¿Por qué los abandonaste? ¿Qué te limito a alcanzarlos? y ¿Cuáles de ellos te pertenecen? Porque ese es uno de los problemas de nosotros los seres humanos, que muchas veces vamos viviendo con sueños ajenos, con sueños que no nos pertenecen, así como esas creencias limitantes que tomamos de nuestro entorno, de las que nos vamos apropiando, también los sueños en ocasiones son prestados. Y esto se debe a varios factores; como el no conocernos, no saber que valores nos mueven, que hace vibrar a nuestra vida, desconocer nuestras habilidades, habernos desconectado de nuestra esencia y vivirnos enajenados con las modas pasajeras, con lo aceptado por los demás, con aquello que se considera normal. Cuando no nos pertenecen, cuando no vienen de nuestra esencia, cuando no vienen de nuestro espíritu, pocas veces vamos a tener ese valor, esa energía, ese coraje para realizarlo. Entonces sí, el miedo se va apoderar de nosotros porque no hay una base sólida que los alimente. Y si logramos vivir esos sueños ajenos nos vamos a encontrar con que no nos sentimos satisfechos, que, aun viviendo esa vida de ensueño, de alguien más, el vacío existencial se hace presente.

Te contare una pequeña anécdota de una compañera de emprendimiento. Ella tiene un trabajo que es ovacionado por la sociedad porque tiene etiqueta de "trabajo exitoso" gana lo que muchos dirían un sueldo muy bien pagado, se puede dar lujos que varios dirían "que más le puede pedir a la vida". El horario de trabajo tampoco implica problema, ya que puede disponer de algunas horas libres al día. Más de lo que otros tienen laboralmente hablando, sin embargo, ella se siente insatisfecha, incomoda en ese trabajo de ensueño (de alguien más), con falta de energía al realizarlo, a lo que se le suma la culpa por querer cambiar de actividad, por las criticas familiares y sociales, por no entender sus deseos de abandonar y cambiar de giro a algo que su entorno no entiende, y etiquetarla de caprichosa, de soñadora, incluso de mal agradecida con la vida. "confórmate es lo que te toco vivir, después de todo no esta tan mal" frases de los amigos bien intencionados ¿Te suena familiar? Bien, esos son los sueños prestados.

Regresemos a la primera pregunta ¿Por qué los abandonaste? Si fue porque son sueños ajenos, ¡felicidades! por tener el valor de rechazar lo que no te pertenece, ahora es tiempo de buscar en tu esencia, de conocerte, para identificar esos que si son tuyos. Sin embargo, si la razón de abandonar esos sueños se debe a esos miedos que numerosas veces nos abruman, que muchas veces nos abrazan, nos envuelven y nos dicen que no podemos, que esos sueños son mucho más grandes que nosotros, que esas cosas solo las logran personas especiales, que ese tipo de situaciones nunca las han realizado alguien en nuestra familia y entonces ¿quiénes somos nosotros? ¿quiénes nos sentimos o quienes nos creemos para vivir esa vida, para vivir esos sueños? y mucho menos para convertirlos en metas realizadas. ¿si ese es el problema, si esa ha sido la razón por la que abandonaste esos sueños estamos aquí justamente para eso, para reconsiderarlo, para replanteártelo.

¿Quién eres tú para vivir esos sueños? Eres una persona especial, eres una persona única, dotada con herramientas cognitivas, dotada con herramientas físicas para vivir lo que tú deseas vivir. ¿Quién eres Tú? Eres justamente esa persona en tu familia que puede hacer la diferencia, quien puede cambiar la historia familiar y romper ese molde que les h dicho que la vida solo se construye de determinada manera, quien puede poner nuevas bases, puedes ampliar los parámetros, puedes ampliar la zona de confort en la que ha vivido tu familia. ¿Te acuerdas? Te comenté que es muy importante conocer nuestra historia familiar, ellos han sido quienes han ido trazando esa área en la que nosotros nos vamos a mover, aquellas cosas que tenemos permitido hacer o no hacer. En este momento eres tú quien tiene el poder de transformación no solo de tu vida, si no de dar un poco más de luz a entorno.

¿Quién eres tú? Si esas razones que te he dado son pocas, ¿recuerdas mi introducción? ¡Soy una hija de Dios! Si en tus creencias está el que eres un hijo de Dios, el que eres una persona especial, porque no eres producto de una evolución al azar, que fuiste el diseño de ese ser supremo que nos hizo a su imagen y semejanza que nos formó y nos otorgó el permiso de estar en este mundo haciéndonos únicos, irrepetibles, con el regalo más grande que nos pudo haber dado "libre albedrío" ¿por qué no usarlo a nuestro favor? Eso debería bastarte para saber que en ti hay poder y que los limites los pones tú.

Cuando dudo de mí, cuando no encuentro la fortaleza para realizar aquello que sé son deseos de mi corazón este es el texto bíblico que me da el valor de seguir adelante *"Porque no nos ha dado Dios espíritu de cobardía, si no de poder, de amor y de dominio propio.* 2 Timoteo 1:7 (RVR1960)

Para mí, es sentir a mi padre celestial hablándome diciéndome "hija lo que necesitas para alcanzar tus metas, vivir tus sueños ya está en ti, fuiste hecha por mí y lo que yo hago es perfecto, cree en ti porque yo soy tu hacedor" así que ante esto no puedo dudar de mí, ¿Tú sabes de quien eres hijo?

Si en estos momentos no te consideras con esas herramientas cognitivas para alcanzar esos sueños, tu estructura neuronal puedes modificarla, puedes cambiarla, créeme basta con que los empieces, tal vez no conozcas aun como dar el siguiente paso, sin embargo, ya tienes el primer elemento para lograrlo ya está instalado en ti esa pequeña semilla para la acción. **Cuando tú empiezas a cambiar esos pensamientos de "no puedo" al** *sé que lo puedo hacer*, **sé que lo puedo lograr ya estas modificando la estructura neuronal, estas creando nuevas conexiones sinápticas con ese simple pensamiento,** claro que no basta con decir "sí, creo que lo puedo hacer" y después permitir que otra vez te alcancen esos temores, te abrace ese miedo, te alcance esa conducta repetitiva limitante con la que has vivido. Es verdad, no es fácil hacer ese cambio, pero tampoco es imposible. Sé de lo que te estoy hablando, porque no solo es desde el aspecto científico que he estudiado, sino desde ese aprendizaje personal. No te estoy hablando solo de teorías, si no de ese punto de quiebre que tuve del que te compartí, donde dos años estuve sumida en la depresión derivada de una baja autoestima, y que llegue a pensar que esa era la vida para mí y que después de eso ya no había más, que ya no valía la pena arriesgarse, para que intentar cambiar mi vida y mi entorno si lo que iba a encontrar afuera iba a ser igual o quizás peor, porque lo que tenía y lo que estaba viviendo era lo que merecía. Y si con seguridad era lo que merecía por tener un autoconcepto tan pobre de mi persona. Si en ese tiempo hubiera pensado que años adelante mi forma de ver la vida, mi forma de abrazar la vida, de proyectarme iba a ser diferente no lo hubiera creído y justamente por eso puedo decirte con certeza que basta con que des ese primer paso.

Si esto fuera poco, esa certeza me la da el ver la transformación de vida de numerosas mujeres que han pasado por mi consulta, y no lo menciono como un logro profesional, si no como un logro que tuvieron estas mujeres fuertes, valientes y comprometidas con ellas mismas, derivado del deseo de cambio, revisaron que las detenía a darse el amor que merecían y decidieron tomar responsabilidad de su vida.

Ejercicio 2

ANÁLIS DE ÁREAS ESPECÍFICAS

Ahora que hemos revisado todo lo que implica la autoestima, lo importante que es amarse para desarrollarte, para sentirte plena en todas las áreas de tu vida y como todo empieza con las creencias que has instalado a lo largo de tu vida, poco contribuye al cambio si no clarificas.

Por favor revisa ¿cómo esta cada una de esas áreas en tu vida?

¿Qué estás haciendo para generar bienestar, desarrollo y equilibrio en cada una de esas áreas?

1.SALUD

____

____

____

____

____

____

2. ÁREA FAMILIAR

____

____

____

____

3.FORTALECIMIENTO DE LA PAREJA

____

____

____

____

4.RELACIONES INTERPERSONALES

____

____

____

____

____

5.ÁREA LABORAL

____

____

____

____

6. DESARROLLO ESPIRITUAL

____

____

____

____

7.FINANZAS

____

____

____

____

____

8.DIVERSIÓN

____

____

____

____

Ahora que tienes claridad cómo estas funcionando en cada área de desarrollo, haz un compromiso contigo para implementar una ACCIÓN nueva para generarte equilibrio y bienestar.

1. __________

____

____

____

2. __________

____

____

____

3. __________

____

____

____

4. __________

____

5.

6.

7.

8. ____

____

____

____

—

PARTE 4

PONLE BASES SÓLIDAS A TU AUTOESTIMA

VIVIENDO EL AQUÍ Y EL AHORA

Vivir en el aquí y el ahora es un término que se utiliza dentro de la psicología para hacer referencia a vivir conscientemente en el presente, es decir con los sentidos activos a esa experiencia, con la atención puesta a lo que se está realizando. Parece una obviedad ¿no crees? Pero déjame hacerte consiente que *gran parte del día vamos teniendo experiencias maravillosas que no vivimos,* ¿Cómo es esto, de tener experiencias maravillosas que no se viven? **vivir en el aquí y el ahora es más que estar físicamente en determinado espacio, podemos estar presentes en un lugar más nuestros pensamientos están inmersos en el pasado o absortos en el futuro y enriquecedor sería si estuvieran en el futuro en una visualización positiva aunado a una planeación estratégica para volver metas esos sueños que nos pueden hacer crecer, que nos pueden desempolvar de nuestras viejas ataduras,** pero la mayoría de veces no es así, cuando permitimos que esa ansiedad por el futuro invada nuestros pensamientos estamos perdiendo la oportunidad de vivir la experiencia maravillosa del presente, nuestras emociones ya no se derivan de esa situación que está sucediendo a la cual si tenemos acceso en este momento, si no que nos encontramos afanosos por esa situación futura, a la cual aún no tenemos acceso, no está en nuestras manos controlarla. Lo que sí está en nuestras manos es este ahora, esta experiencia concreta que está aconteciendo en este tiempo, en este espacio, esto es lo que sí es manipulable por nosotros, esto es en lo que si tenemos injerencia, en lo que si tenemos poder, sin embargo nuestros pensamientos empiezan a divagar en el futuro creando escenarios ,muchas veces trágicos, impredecibles, esos escenarios que nosotros colocamos en nuestra mente a los que le cedemos nuestro poder y nuestra energía, todas esas cosas que aún no suceden, que solo están en nuestra imaginación, es lo que se vuelve nuestro presente en nuestro cerebro y en nuestro organismo. Así que nos estamos robando la experiencia maravillosa de vivir con plenitud.

Seguramente ya empezaste a recordar algunas situaciones en las que te has perdido detalles de tu vida por estar enajenado en el pasado o en el futuro. Y eso es un ejemplo claro de lo fácil que es que nuestra atención divague, tenemos esa facultad maravillosa de revivir experiencias, aprovechémosla para llenar nuestra alma de satisfacción, para *vivir en constante gratitud siendo selectivos en nuestros recuerdos trayendo al presente aquellos que en algún momento llenaron de satisfacción nuestro corazón, alma y espíritu.* Sin dejar que esos recuerdos borren la experiencia presente, comparar esas experiencias del pasado con tus vivencias actuales resta valor a tu presente, lo que ya no se suele tener se recuerda con añoranza y no es porque realmente allá sido mejor, tal vez si dependiendo de cada situación concreta, pero lo realmente importante de esto es darte cuenta que este presente es moldeable por ti por lo que tienes oportunidad de crearlo como tu desees.

Ahora vamos a revisar ese vivir en este espacio y tiempo, aprendiendo a liberar aquellas situaciones de nuestra vida, de nuestro pasado que no aportan nada a nuestro presente, o más bien que no aportan a nuestro desarrollo porque obviamente que todos nuestros recuerdos impactan en este aquí y ahora, pero en repetidas ocasiones es de forma negativa. Como esos recuerdos que traemos de nuestra infancia o de nuestras experiencias adultas donde hubo heridas emocionales, situaciones que nos lastiman, que nos hacen sentir poco valorados, dañados en nuestra valía como hombres o mujeres, incluso con resentimiento por el enojo contenido. Y esto lo hacemos tanto de forma consciente como de manera inconsciente. Vamos a ocuparnos en este momento en esos pensamientos que traemos de manera voluntaria ¿Cuántas veces te encuentras reprochando por aquellas situaciones que viviste en la infancia y a las que le atribuyes y *les das el poder para determinar tu situación actual*, para determinar lo que estas realizando en este momento y responsabilizar que debido a ese pasado tú vives el presente que vives? He visto tantas veces en mis pacientes expresiones de dolor por heridas de la infancia que no han sanado, bellas mujeres con un potencial muy grande sin utilizar porque esta enlodado con los recuerdos y resentimientos contra la expareja que dejo de serlo hace 5, 7, 10 años o más. Y es entendible que todo ese dolor experimentado haya quedado gravado en la parte inconsciente de nuestra psique, pero si a eso le agregas el que lo hablas una y otra vez, incluso hasta te esmeras en recordar los detalles. Esa es la razón que no puedas olvidar ese pasado doloroso, no te digo que lo borres de tu cerebro no funciona de esa manera no es como sacar un borrador y quitarlo, de lo que te hablo es de que **te des el permiso de reinterpretar ese acontecimiento y practiques el perdón, pero ese perdón real que transforma sentimientos.** Y si no lo quieres hacer por disculpar o quitarle responsabilidad a la otra persona, hazlo por ti para liberarte de la amargura que genera el resentimiento que te imposibilita a relacionarte sanamente contigo y con los demás, porque merma tu salud física y emocional. (continuaremos hablando del perdón en el siguiente apartado)

¿Qué hacer para estar en el aquí y el ahora? Deja de rumiar tus pensamientos que no resuelven nada, libérate de esas preocupaciones, mejor ocúpate y acciona para resolver esa situación. Organiza tu tiempo y evita hacer varias cosas a la vez, por favor evita que el uso del móvil robe tu atención de la vida, el celular es un invento para facilitar la comunicación entre los seres humanos. Y vaya que he visto, seguramente tú también lo has visto o hemos formado parte de esa multitud, familias, parejas, amigos reunidos en un lugar solo físicamente porque su atención y energía está en otra parte. Cuando estés con tus seres queridos, en un lugar bello, apunto de probar una deliciosa comida, escuchando una melodía que te guste, en medio de la naturaleza, con esos leales compañeros peludos de cuatro patas, brindando tu servicio o tiempo a otro ser humano por favor disfrútalo, deléitate, gózalo con los sentidos posibles, eso es vivir el presente, cultivar la atención plena. Esto se vuelve un circulo virtuoso mejora tu autoestima por las gratas vivencias, y con una autoestima sana te será más fácil y enriquecedor experimentar ese presente.

Cuando aprecias esto dejas de moverte hacia el pasado o hacia el futuro involuntariamente, y empezamos a percibir lo mágico que es vivir con plenitud de consciencia.

HAZ LAS PASES CONTIGO

No podemos tener enemigo más grande que nosotros mismos, y en este apartado ya no me refiero a los miedos, a las creencias que te instalas y limitan tu existir (que también son una forma de ser tu propio enemigo al auto sabotear tu bienestar). Si no a esos diálogos internos que tienes contigo donde te recriminas por situaciones pasadas que no hiciste como en este presente hubieras resuelto, no las hiciste en ese aquel y entonces porque tu sistema cognitivo era otro, porque no tenías el nivel de madures que hoy tienes, porque percibías la vida desde otro grado de conciencia. Deja ya de recriminarte por esas desacertadas decisiones que tomaste y deja de etiquetarlas de buenas o malas ¿te sirve de algo recriminarte? ¿solucionas algo? ¿va a mejorar algo en tu presente, en tu vida si continuas con esos diálogos? que lo único que hacen es menospreciarte y bajar aún más tu autoestima. No, por supuesto que no lo hará. Perdónate y libérate. Tal vez pienses es fácil decirlo, pero, ¿cómo hacerlo? Antes que nada, vamos a ver y entender lo que es e implica el perdón, no podemos hacer algo que no entendemos. Piensa por un momento para ti que es el perdón, detén la lectura unos minutos, cierra los ojos y piensa en que es para ti el perdón, recuerda si has perdonado a alguien y lo que sucedió después en esa relación. (No hagas trampa, te invito a que hagas este pequeño ejercicio). Quédate con esa información que has hecho consiente. Te platicare las respuestas que me han dado en el consultorio después de este ejercicio. "el perdón es olvidar lo sucedido y no volver a hablar de ello" "perdonar es hacer de cuenta que nunca paso" y las respuestas dadas a la interrogante ¿qué ha sucedido posteriormente en esa relación? fueron "si lo perdone, pero cuando tenemos discusiones no puedo evitar echarle en cara lo sucedido" "la perdone, pero ahora ya no le tengo confianza y me he vuelto celoso" … y así sucesivamente. ¿Son parecidas tus respuestas?

El conflicto con este tipo de perdón es la forma y el trasfondo que muchas veces tiene ese "perdonar" nos colocamos en dos posturas que no permiten que esta acción sea real y sanadora. La primera postura que solemos adoptar es la de personas superiores que no han transgredido la relación, pero como somos generosos vamos a otorgar el perdón, sin olvidar que existe una deuda moral, esto da una postura de superioridad y cuando haya una falla de la otra persona o una acción que nosotros percibamos como un error saldrá la lista de cosas perdonadas. La otra postura es la de víctima de las acciones de ese otro llámese pareja, padres, hermanos, amigos, compañeros de trabajo, todos aquellos que guardan una relación cercana con nosotros. (aquí no estamos haciendo referencia a circunstancias de la delincuencia, porque en ese tipo de víctima el trabajo de sanación es diferente)

Y vemos a aquel como el villano de la historia, y el perdón se suele otorgar por varias razones como el no sentirse con la energía o argumento suficiente para salir de esa situación, para evitar problemas mayores, porque son los padres y nuestras creencias religiosas dicen que a los padres no se juzga, etc. Sin embargo, en ninguna de esta postura hay sanación, porque más que una decisión personal nos vemos influenciados por la religión, la cultura o aparentes aspectos morales, sin que pase por el tamiz de nuestra valoración personal, de esa subjetividad transformadora de emociones y posteriormente sentimientos.

Pue bien el perdonarse a uno mismo ha sido definido como *el deseo de abandonar el auto-resentimiento ante el reconocimiento que uno ha cometido un error fomentando la compasión, la generosidad o el amor hacia sí mismo* (Enright, 1996)

Eso que hacemos cuando decimos perdonar a otros es exactamente lo mismo que hacemos con nosotros, cuando nos recriminamos por algún daño que hicimos a terceros o a nosotros mismos, pero *reconocer nuestra falta resulta tan doloroso que evitamos esa emoción empezando a justificar nuestra conducta atribuyéndole al entorno, al comportamiento de los demás nuestra respuesta en lugar de reconocer,* "si, cometí un error porque YO en ese momento no tuve otra forma de reaccionar, de solucionar, de responder, de actuar, o cualquiera que haya sido la situación". Atención no es de justificarte, es de entenderte, para desde esa postura generarte compasión, amor y como resultado de esto cambio en tu autopercepción. Ojo también a este punto, **compasión no es lo mismo que lastima, a veces solemos confundirlos, cuando tenemos lastima por nosotros mismos regresamos a la postura de víctimas, no hay poder para accionar ahí**. Mientras que la compasión implica un sentimiento activo, donde hay la decisión de mitigar el dolor de aquel por quien se siente compasión. ¡Interesante verdad! Te das cuenta del poder y la magia de las palabras, hablaremos de ello un poco más adelante, por ahora solo quiero recordarte lo importante que es que cuides tu dialogo interno.

¿Qué más puedes hacer para perdonarte? Cierra esos círculos que se han quedado pendientes, si aquello por lo que te recriminas es un daño a terceros y esa persona está presente aun en tu vida, ten el valor, la humildad y pide perdón, si hay un daño que resarcir repáralo. Si la persona con la que te quedaste en deuda ya no está presente, escríbele una carta explicando lo sucedido, no justificando, pide perdón desde el reconocimiento y arrepentimiento del error. Y realiza el ritual que más te favorezca entierra la carta, quémala, rómpela o deja que se la lleve un rio. Son rituales que al igual que un velorio nos ayudan en nuestro proceso de sanación del duelo. Posterior a esto ofrece tu arrepentimiento sincero a tu creador y compromete contigo a monitorear tus acciones para no caer en la misma situación.

Ya quedo claro que en el ser humano no hay perfección, que por más que nos esmeremos vamos a cometer errores, nos vamos a equivocar y eso está bien es parte de nuestro aprendizaje por lo tal no te juzgues con esa severidad que tendría un enemigo, ni te evalúes con parámetros establecidos esa imperfección es lo que nos hace diferentes. ¡Vamos reconcíliate contigo, harás un cambio en toda tu estructura emocional tu salud física te lo agradecerá!

> "El perdón es un puñado de sentimientos que a veces nos acaricia cuando el alma llora" …
>
> Mario Benedetti

¿RESPONSABLES DE TU VIDA? SOLO TÚ

La persona tiene en su interior la capacidad, al menos latente, de entender los factores de su vida que le acarrean desdichas y penas, así de como reorganizarse de tal forma que pueda superarlos.
(Rogers, 1952b)

Cuando dejamos el papel de víctima, asumimos que somos responsables de nuestra vida por tal de lo que sucede en ella, nos empoderamos. Es en este momento que nos damos cuenta que si no nos volvemos proactivos nuestra vida no tendrá cambios significativos, nos encontraremos sufriendo por las mismas situaciones una y otra vez sin importar la edad que tengamos, el enojo o resentimiento aparecerá por las mismas circunstancias tal vez solo cambiando el escenario y la persona. ¿has escuchado a alguien cercano preguntarse porque esto siempre me pasa a mí? O quizás seas ese alguien a quien siempre le pasa lo mismo. Ya vimos que para reconciliarnos con nosotros mismos es importante reconocer nuestros errores, pues bien, el reconocimiento de ellos sin hacer un cambio no es tomar responsabilidad de nuestra vida.

Y aquí quiero tomarme un espacio para hablarte de lo que viene después de perdonar a ese otro ser humano, porque es parte importante de asumir responsabilidades para nuestra vida. Equivocadamente pensamos que perdón es igual a continuar relaciones, continuar con los vínculos afectivos tal cual era antes del agravio, y no tiene por qué ser así, habrá casos en los que sea posible, pero hay situaciones en que las relaciones se vuelven insostenibles y si no suma, a tu vida por el contrario es una relación que te roba tranquilidad, que necesitas constantemente estar reevaluando, que no te ayuda a crecer como persona simplemente no tienes obligación, deuda moral, ni nada que se le asemeje por lo que tengas que estar ahí, sin importar si el vínculo es consanguíneo, es decir padres, hijos o hermanos. Hay situaciones de la vida en las que podemos establecer relaciones de perdón y respeto solo cuando nos mantenemos lejos. Ya conoces parte de mi historia recuerdas lo que hice tras descubrir la infidelidad de quien fue mi pareja y lo que dije "no lo dejare y algún día se arrepentirá de lo que me hizo" pues bien este es un claro ejemplo de no asumir responsabilidad de lo que me correspondía para reconstruir mi vida. Sabes qué hay de trasfondo en esas situaciones, dejar la responsabilidad a alguien más para que se lleven a cabo los cambios que necesitamos, a veces esperamos que el tiempo mejore las cosas, y otro elemento presente en esa situación es que de alguna manera nos encontramos en una "zona de confort" y no justamente porque la situación sea confortable y apapachadora sino porque es lo que conocemos, lo que es habitual para nosotros. Salir de eso es enfrentar cambios y es uno de los temores que solemos tener los seres humanos. De ahí que sea tan importante hacer cosas nuevas, nos ayuda a quitar esa limitación de nuestra mente.

Llega el momento en nuestra vida que se acaban los culpables de nuestra situación, o asumes la responsabilidad de tu vida con todo lo que eso implica o asumes que tu vida será una extensión de lo que ya conoces de lo que ya has vivido. Y bien ¿Qué deseas hacer?

Tomare como respuesta que asumirás la responsabilidad de crecimiento y expansión de tu vida, tomare como respuesta que estás dispuesto a hacer los cambios y ajustes que tu vida requiere, aunque esto implique cambiar las creencias que hasta hoy han guiado tu existencia, aunque esto implique enfrentar duelos por tener que soltar vínculos, cosas, recuerdos y demás que están utilizando un espacio sin agregar valor a tu vida y por el contrario no te han permitido descubrirte en todo tu esplendor.

No sé qué edad tengas actualmente 20, 30, 40, 50 o la que tengas, nunca es tarde ni temprano para hacer un alto en tu vida, reevaluar y tomar decisiones que te conduzcan a aquello que si quieres sea la historia experimentada, solo es el tiempo en el que ya estás listo. Tampoco conozco como estés construyendo tu vida en este momento. Lo que sí sé es que, si te estas tomando el tiempo y energía para leer este libro están sucediendo dos cosas actualmente en ti; primera hay algo en tu vida con lo que no te encuentras totalmente a gusto y dos tienes la tenacidad para cambiar esa situación, a veces solo requerimos un empujón como tener claridad de ¿qué es lo que nos está incomodando? ¿para dónde queremos ir? ¿de la vida qué es lo que queremos lograr? para uno mismo, no para los hijos, no para la pareja. Todo lo demás es un extra que se puede lograr desde nuestro propio bienestar. Recordemos que lo que dejemos de hacer por nosotros mismos nadie lo va a venir a realizar, nadie tiene la obligación de darnos lo que nosotros mismos no somos capaces de generarnos.

Cuando somos pequeños recibimos de nuestros padres amor, recursos materiales, el cuidado y atenciones que requerimos para nuestro desarrollo, pero llega el momento en que es nuestra responsabilidad autogenerarnos todo lo necesario para vivir. Es parte del madurar física y emocionalmente. Buscar una pareja para que supla el rol de los padres nos volvería unos eternos Peter Pan, complicado desde esta postura lograr el siguiente punto, que veremos a continuación, que es la autoafirmación necesaria para lograr esa base sólida en nuestra autoestima.

Busca tu autoafirmación

Celebra la vida conociéndote a profundidad, redescubriéndote día a día. Rétate cada mañana a ser el mejor tú que hoy puedas ser, descubrirás la grandeza que hay en ti. De repente te encontraras amándote tanto, y se convertirá en un círculo virtuoso.

Yulia Ochoa

Como ya lo habrás percibido cada uno de estos peldaños van poniendo las bases para que tu autoestima se mantenga sana a través del tiempo, recuerdas nada es estático y en cualquier momento la vida nos presentara situaciones que nos pondrán a reconsiderar nuestra existencia, nuestra personalidad, nuestro desempeño y de no lograr esa autoafirmación nuestra autoestima puede ser fluctuante, como lo son nuestros estados de ánimo, lo cual no tiene por qué ser así, *en el caso del amor propio lo ideal es que siempre se mantenga a pesar de lo externo, de lo que suceda en el ambiente que nos rodea.* Desarrollar esta habilidad nos ayudara a actuar con asertividad y mostrarnos con los demás abiertamente con respeto.

Veamos porque nuestra autoafirmación apoya en la sanación y fortalecimiento de nuestra autoestima.

Considerando que la autoafirmación de acuerdo a la R.A.E es la **"seguridad en sí mismo, defensa de la propia personalidad"** para reconocernos como una persona con una adecuada capacidad de autoafirmación tendríamos que ser capaces de respondernos estas 4 interrogantes:

Ψ ¿Quién soy?

Ψ ¿Qué quiero ser?

Ψ ¿Qué quiero lograr?

Ψ ¿Qué estoy haciendo para obtenerlo?

Si no eres capaz de definir quién eres por falta de autoconocimiento será muy fácil y muy probable que tampoco estés preparado para asumir y validar tu personalidad ante los demás por el temor a no ser de su agrado. Recuerda lo que decía Aristóteles "la mejor forma de no ser criticado es no decir nada, no hacer nada, no ser nadie" y aunque todo ser humano ya es alguien y ya es valioso, al mimetizarnos en las masas dejamos de proyectarnos como ese alguien especial, único e irrepetible. Y bien, ¿eres capaz de responder fluidamente a esos cuestionamientos?

¿Qué te parece hacer este sencillo ejercicio? pero muy esclarecedor. Toma una hoja en blanco y descríbete en tu totalidad desde los aspectos físicos hasta llegar a aquello que no es visible y que no todos conocen de ti, como tus creencias, los valores que rigen tu vida, tu personalidad, tus intereses, tus sueños, tus metas, tus temores, etc. Descríbete tan detalladamente como si fuera para alguien que no te conoce, pero que deseas que descubra claramente quien eres tú. Como ya te lo mencioné, y tal vez suene repetitivo, pero para lograr el propósito de este libro es necesario que realices los ejercicios. Y por lo que te pido que lo hagas por escrito y no solo que respondas verbalmente es porque cuando escribimos organizamos nuestras ideas y logramos conectar de una forma más significativa con lo que estamos realizando. Con este pequeño ejercicio te darás cuenta que tanto te conoces y si eres honesto contigo podrás identificar tus fortalezas y aquellas áreas de oportunidad en tu persona. Entendamos por áreas de oportunidad aquello que no te agrada de ti pero que sabes que de proponértelo lo puedes cambiar, son aquellas que no aporta para que sientas que estas alcanzando tus objetivos, que te ayuden a ser esa mejor versión de ti.

Si aún después de realizar el ejercicio anterior tienes complicación para responder a las otras tres preguntas pon especial atención al siguiente tema.

UNA VIDA CON SENTIDO EXISTENCIAL

Víctor Emil Frankl, psicólogo, neurólogo y filósofo Austriaco desarrollo una corriente psicológica conocida como Logoterapia, en la que propone que el ser humano tiene como necesidad fundamental la búsqueda de sentido existencial. Y justamente una de las preguntas complicada de contestar en terapia es ¿Qué le da sentido a tu vida? ¿Te has hecho esta pregunta? ¿Qué hay en tu vida que te motive a seguir adelante? aun en medio de las situaciones adversas. Nuevamente, contesta esas preguntas. En este ejercicio no existen respuestas acertadas o erróneas, porque ese sentido de vida es único, difiere del de los demás, no tendría por qué ser igual esto va a depender de nuestra experiencia de vida, de nuestro propósito, de nuestros intereses y será la consecuencia de responder a esas interrogantes que se quedaron pendientes. Si desconocemos que queremos ser y que deseamos lograr no seremos capaces de defender nuestras decisiones, trazarnos un plan de acción y como consecuencia no obtendremos en la vida eso que nos haga vibrar en toda nuestra esencia, no habrá ese propósito de vida que le dé sentido a nuestra existencia, que nos ilusione que nos ayude a desarrollar la persistencia para obtener eso anhelado. Cuando descubrimos ese propósito vivimos la vida desde otra perspectiva llenos de pasión, de gratitud, amamos la vida, nos amamos a nosotros mismos y somos capaces de poner al servicio de los demás ese propósito que nos llena el alma. Y por supuesto la vida seguirá teniendo retos, cosas que nos desagraden, situaciones dolorosas, experiencias que preferiríamos evitar, la vida no será color de rosa. Por supuesto que no, la vida se presentara en todos sus colores y en todos sus matices, pero tendrás tan claro que es lo que de ella quieres tomar que tu enfoque estará en ello, así que se hará presente con mayor intensidad que lo que te pueda robar la tranquilidad.   ¿Eres capaz de identificar cuál es tu propósito de vida?

Las respuestas que nos tendrían que poner a reflexionar es un "no saber" es un "no tener que le dé sentido a mi vida" o que lo que le dé ese sentido a nuestra existencia este fuera de nosotros mismos.

El sentido existencial va muy relacionado con tu propósito de vida, va a determinar qué quieres realizar y hacia donde te quieres dirigir.

Retomando nuevamente posturas de la teoría de Víctor E. Frankl hay tres tipos de valores que al vivirlos nos ayudaran en ese descubrir el sentido de nuestra existencia.

Ψ Valores creativos: aquí entra todo aquello que como su nombre lo dice nos lleve a desarrollar nuestra creatividad dando como resultado proyectos, sueños personales realizados, metas alcanzadas. Y pueden o no ser de impacto para el mundo, mas para nosotros mismos debe ser una fuente de satisfacción. Al desarrollar estos valores encontramos en nuestro interior las herramientas, el valor, el coraje, la decisión para lograr ese algo que nos apasiona, tendremos el enfoque adecuado para descubrir en el ambiente las herramientas para desarrollar ese proyecto ligado a nuestro propósito de vida.

Ψ Valores experienciales: todas las experiencias que han resultado significativas, y estas se derivaran de ese vivir aquí y ahora.

Ψ Valores actitudinales: hacen referencia a los valores que desarrollamos al tomar una postura ante aquellas situaciones que están fuera de nuestro control, aquellas cosas que no está en nuestras manos cambiar, y que sin embargo si impactan en nosotros, y el único poder que tenemos es la elección con que actitud las vamos a afrontar. Si bien es cierto que son muchas las situaciones que no podemos cambiar, también es cierto que a veces podemos hacer mucho más que tener una actitud positiva, además podemos tener una actitud proactiva, que por supuesto no acabara con el problema sobre todo si es un fenómeno social, nacional o mucho menos mundial, pero esa pequeña acción puede ser inspiración para otros a actuar igualmente en micro sistemas y estas acciones hacer eco de manera que terminen impactando al macro sistema.

IDENTIFICA TUS BARRERAS EMOCIONALES

Ejercicio 3

DE CLARIFICACIÓN

Después de revisar este capítulo seguramente ya habrás identificado cuál o cuáles de todas estas restricciones es la que a ti te está limitando y a la que estas cediendo el poder creativo de tu vida.

De no ser así responde estas preguntas:

¿Qué aprendizajes has incorporado a tu vida de aquellas experiencias significativas que has tenido? O ¿aún te encuentras repitiendo una y otra vez experiencias similares?

¿Cuál es la actitud que constantemente tienes ante las situaciones inesperadas, aquellas que se salen de lo que tú deseabas? Y ¿Qué haces ante esas situaciones? Recuerda la actitud que tomes será vital para la experiencia que quedara en tus registros neuronales.

PARTE 5

¿CÓMO RETOMAR LA CONFIANZA, ACEPTACIÓN Y AMOR PROPIO?

Que hermosa eres cuando, aún sin ganas, tus pies tocan el piso por la mañana, dispuesta a abrazar tu día, vences el sueño porque tus sueños los quieres realidad.

Que bella te ves cuando trabajas tu físico y el sudor baña tu rostro y cuerpo sientes que no puedes más, cierras los ojos, respiras profundo, te recuerdas que eres más que músculos en movimiento. Te das cuenta que puedes con eso y más, porque tu fuerza, sí, viene de tu interior, pero se alimenta de alguien muy grande, infinitamente grande.

Eres maravillosa cuando tu atención queda absorta por horas en los libros y te dejas invadir por la experiencia y conocimiento del escritor, sin embargo, eres capaz de generar tu propio razonamiento manteniendo un pensamiento crítico y objetivo. Y aun, con esta forma tan tuya de ser te das el permiso de entrar al mundo subjetivo del poeta, donde las emociones se desbordan y te enamoras de su palabra, a veces incomprensible para la razón, pero no para el espíritu.

Que bella luces cuando observas el mundo que te rodea y puedes darte cuenta que no es perfecto. Los ojos te brillan a veces de rabia ante la injusticia, otras por el dolor ajeno. Ya que no puedes permanecer indiferente, no te limitas a criticar, buscas soluciones dentro de tu propia imperfección, aunque muchas veces te equivocas y te toca llorar tomas fuerza, experiencia y vuelves a intentar.

En efecto eres bella, pero no de esa belleza que encuadra en los estereotipos sociales, aquellos que nos imponen las modas a través de la publicidad. Sí, eres muy hermosa, mas no con esa belleza que se desvanece con el tiempo.

Tu belleza es más que forma, color o medidas. Eres bella por la esencia que tu CREADOR coloco en tu espíritu, esencia que se desborda por tus poros, se manifiesta en tus acciones y se publicita en tu hablar.

¡Enamórate de ti mujer! Basta con mirar al espejo para entender lo enamorada que debes estar, no del reflejo, más bien de la vida, de la creación que DIOS manifiesta en ti.

porque esa belleza que hoy valoro en mí, la observo en ti, y la intuyo en todo ser humano… basta con que te mires sin prejuicios socialmente establecidos, basta con que te conozcas y entiendas quien es tu hacedor.

5 ESTRATEGIAS PARA RECUPERAR EL AMOR PROPIO Y LA PASIÓN POR VIVIR

Wow que felicidad provoca en mi estar escribiendo ya este capítulo, y si tú has continuado la lectura hasta aquí quiere decir que estás listo o preparada, para hacer ese cambio que tu vida necesita, porque en el interior de tu ser sabes que de no transformar tu vida seguirás en ese punto donde no te sientes totalmente satisfecho desperdiciando todo ese potencial que hay en ti, el cual estas limitando y negando a tu entorno la posibilidad de beneficiarse de tu máxima versión. Que le estas quedando a deber a la vida, a quienes te rodean, a ti mismo por supuesto y ni se diga a tu creador.

Iniciar cambios como ya lo habrás experimentado, muchas veces no es fácil, sobre todo cuando lo que queremos modificar se ha adherido a nosotros volviéndose hábitos por ser acciones repetidas y cotidianas. Sin embargo, todo está en dar el primer paso. La evolución que empezaras a experimentar irá poco a poco, algunas veces será imperceptible, no obstante, ya estará ahí dentro de ti creando sinergia, impactando en tu entorno, funcionando como un engranaje de este inmenso universo.

En este capítulo romperemos los esquemas preestablecidos y empezaremos por la actividad de autoexploración que es el primer paso de estas cinco estrategias para realizar ese cambio, esa sanación, ese regalo para tu alma y para tu entorno, y sobre todo la mejor forma de agradecer a Dios el estar aquí en este mundo, donde tus posibilidades de vida dependen de ti.

Así que empecemos esa sanación, para llegar a la transformación y te apasiones por la vida, por TU VIDA.

A continuación, te darás cuenta sobre que versa este apartado.

Ejercicio 4

Actividad de AUTO-VALORACIÓN

Lee las siguientes afirmaciones y obsérvate con amor, respeto y disposición al cambio si la situación así lo requiere. Marca la casilla donde te identifiques, de esta manera podrás tener mayor claridad en qué estrategia necesitas poner mayor atención y accionar al cambio.

FÍSICO	
1. Tengo horarios de alimentación establecidos	
2. Procuro tener una alimentación balanceada	
3. Evito las comidas procesadas	
4. Presto atención a mi cuerpo cuando un alimento me cae mal	
5. Evito el consumo de sustancias adictivas y dañinas para mi organismo	
6. Hidrato mi cuerpo de acuerdo a mis necesidades	
7. Descanso las 8 horas requeridas para la reposición de energías	
8. Hago ejercicio regularmente	
9. Presto atención a los síntomas	
10. Presto atención a los cambios de mi cuerpo	
RESULTADO ASPECTO FÍSICO	
MENTAL	
1. Enfoco mi pensamiento a aspectos provechosos	
2. Escucho música que eleve mi estado de animo	
3. Me rodeo de gente positiva	
4. Evito programas televisivos basura	

5. Evito platicas en las que el discurso sea la critica a los demás	
6. Me forjo nuevas experiencias	
7. Reto y extiendo mis habilidades y conocimientos	
8. Asisto a conferencias, platicas, talleres y todo aquello que me permita ampliar mis conocimientos en áreas de mi interés	
9. Cuido mi dialogo interno	
10. Cuido mis pensamientos y mis palabras	
RESULTADO ASPECTO MENTAL	
ESPIRITUAL	
1. Me mantengo en comunión y gratitud con mi Padre Celestial (Creador, Dios, o como tú le llames, él es el mismo)	
2. Realizo actividades que fortalecen mi fe	
3. Agradezco por las cosas materiales e inmateriales que me son dadas	
4. Brindo algún tipo de servicio en la medida de mis posibilidades	
5. Pongo al servicio de otros los dones que me han sido dados	
6. Identifico y practico aquellas actividades que me hacen sentir paz	
7. Respeto y valoro el entorno natural que me rodea	
8. Tengo claro que espiritualidad y religión no son sinónimos	
9. Evito lastimar o lastimarme intencionalmente	
10. Doy espacios a mi vida para la meditación	
RESULTADO ASPECTO ESPIRITUAL	

EMOCIONAL	
1. Identifico con claridad mis emociones	
2. Me doy permiso de contactar con la tristeza cuando es necesario	
3. Entiendo que todas las emociones cumplen una función	
4. Expreso asertivamente mi enojo	
5. Pido ayuda si me es complicado el manejo de mis emociones	
6. He descubierto estrategias para el manejo del estrés	
7. Tengo claro cuál es mi propósito de vida	
8. Me es fácil brindar palabras afectuosas	
9. Me es fácil mantener contacto físico con mis seres queridos	
10. Me perdono y perdono a los demás por las equivocaciones, *haciendo los ajustes necesarios.*	
RESULTADO ASPECTO EMOCIONAL	

Esta escala funciona igual que si estuvieras en el colegio, menos de 6 afirmaciones por apartado total signo de alarma e indicaciones que estas en una situación muy difícil en tu vida, que tu ser esta desintegrado y seguramente puedes sentir tu vida caótica y agobiante.

Entre 7 y 8 afirmaciones positivas, mucho mejor, más aun, hay elementos que trabajar y en los que es necesario poner atención para que no resulten nuestros puntos débiles por donde se pueda desequilibrar al ser, tal vez solo requieras esa pequeña guía para clarificar en que aspecto de tu vida requieres trabajar.

Entre 9 y 10 afirmaciones felicidades, cierra este libro no lo necesitas. ¡Es broma! Pero en verdad felicidades, eres una persona que no se preocupa de sí mismo, sino que se ocupa de su persona y toma responsabilidad por lo que le corresponde. Sin embargo, no hay límites para el crecimiento y el desarrollo personal. A seguirnos auto-actualizado.

Te recomiendo aun cuando ya hallas terminado de leer este libro regresar a esta escala y hacerte una revisión, es como el chequeo médico que sueles hacer dos o tres veces al año para prevenir cualquier situación y evitar complicaciones físicas. Ya vimos que la vida, y nuestras situaciones suelen ser cambiantes por lo que es necesario estarnos monitoreando, hacer introspección de nuestros estados emocionales constantemente.

Ahora bien ¿por qué iniciar en este apartado de estrategias con la autovaloración? Seguramente haz viajado a distintos lugares y antes de hacer cada viaje te preparaste con ciertas cosas como, comprar el ticket para donde querías ir, reservaste hotel o airbnb, te hiciste un plan de los lugares aledaños que visitarías e investigaste de sus atractivos turísticos, etc. Pero antes de esto tuviste que ver con cuanto contabas para este viaje y poder determinar el tiempo de estadía, de no contar con lo necesario empezar la operación ahorro, eso es exactamente lo que harás aquí revisar con que herramientas cuentas para hacer ese viaje de transformación, que estás haciendo para vivir esa vida de salud emocional, que se manifestara en tu físico, en tu entorno, en tus relaciones interpersonales, en tu área laboral. Porque recuerda no somos entes aislados en nosotros mismos ni en el ambiente, todo cuenta, sumando o restando.

Existe una teoría, fundamentada por el Dr. Clyde Narramore, autor de más de 100 libros, quien propone que somos seres tripartitos, es decir que estamos constituidos por cuerpo, espíritu y alma. De acuerdo a esta propuesta es en el alma donde se encuentran integradas las emociones y la mente. Si bien este enfoque se ha utilizado más dentro del cristianismo, tampoco es algo ajeno a la visión científica, la psicología humanista ve al ser humano como un todo, como un ser integrado donde convergen las emociones, pensamientos, sentimientos y conducta que se manifiesta a través del cuerpo. Por lo que no sería posible el entendimiento del ser humano ni la sanación si ponemos solo nuestra atención en uno de los componentes que nos integran. Por lo que no nos resultaría eficaz querer experimentar una vida plena, lograr nuestro desarrollo y descuidar una o más áreas donde se manifiesta nuestra vida.

¿Recuerdas lo que te compartí de mi historia? Cuando me fraccioné y pretendí ser solo mente y cuerpo, reprimiendo emociones y guardando en un baúl mi vida espiritual. ¿Cómo estás viviendo estas áreas? donde se manifiesta tu amor propio y por tanto tu plenitud como ser humano.

RETATE Y AMA LA MEJOR VERSIÓN DE TI

Yo soy así y ya no puedo cambiar. Así soy y quien me quiera me tendrá que aceptar como soy. Frases muy comunes, ¿cierto? Con la primera afirmación no estoy de acuerdo y te diré porque, está comprobado científicamente que *después de realizar determinada acción por más de 21 días queda instalado como un nuevo hábito*, ¿Qué es un hábito? **Cualquier conducta repetida de manera regular o constante que requiere muy poco o nulo razonamiento y que es aprendida.** Ejemplo; hoy como cada mañana te levantas a las 5 de la mañana, no es necesario que suene una alarma porque ya tu organismo se ha habituado, la primera acción al despertar es ponerte en comunicación con Dios para darle gracias por este nuevo día y las maravillas, que tienes la certeza, que hoy experimentaras, acto seguido tiendes tu cama, te das un regaderazo de 7 minutos con agua fría y lavas los dientes, tomas un té, te colocas el traje de deporte y sales a correr 5 km, regresas a casa, desayunas, te bañas y alistas para salir al trabajo. Es un hábito matutino o un conjunto de hábitos. Que belleza vivirte en toda tu plenitud, ¿no lo crees? Veamos otro ejemplo; Programar tu alarma a las 6 de la mañana, escucharla sonar y posponerla unos minutos más, quedarte dormido nuevamente, despertar ver la hora nueva en el celular, entrar a revisar cinco minutos tus redes sociales, sin darte cuenta haz perdido ahí 20 minutos de tu mañana, te levantas a la carrera porque se te ha pasado la hora, por lo que ya no da tiempo de tender la cama, solo hay tiempo para bañarte, salir corriendo de casa, sin desayunar porque se ha hecho tarde. Lo que ya se está volviendo habitual comer algo en el camino. Pues bien, esto también es un hábito, se ha realizado de manera constante y repetitiva que para nosotros y para nuestro cerebro es algo normal. Tomemos el segundo ejemplo, imagina por unos momentos que esa es tu forma habitual de vivir tus mañanas, yo sé que no es tu caso (por favor léase con voz de sarcasmo) ¿cuáles son los resultados en tu persona por tener estos hábitos matutinos? Estarás de acuerdo que inicias el día con algo de mal humor, apresuras a quienes interactúan contigo, si vas manejando tu auto eres mamá y tienes que dejar a tus hijos en el colegio o vas camino al trabajo, te vas molestando con el de adelante porque es muy lento, porque no acelero el carro en cuanto hubo cambio de luz en el semáforo, te estresas porque el tiempo está pasando muy rápido, no te das cuenta que esto es subjetivo niel de adelante es lento ni el tiempo está pasando muy rápido es el resultado de tu percepción por la premura con que vienes. El primer alimento del día ha quedado pospuesto para cuando haya tiempo, tal vez a la hora de la segunda comida. Tu organismo no tiene alimento para adquirir las energías para las funciones que requiere hacer. Por lo que empiezas a sentirte irritable y de mal humor esto solo es el efecto inmediato, siendo esto una conducta habitual el metabolismo se hace lento, empieza a presentar problemas de estreñimiento, debilidad, fatiga, ansiedad falta de concentración, problemas para dormir, etc. Y todo esto derivado de pequeñas decisiones y acciones matutinas. Si estos resultados los tradujéramos a las etiquetas sociales y coloquiales diríamos "es flojo" "tiene un genio de los mil demonios" "es impuntual" "es muy olvidadiza" siguiendo con el ejemplo del caso dos yo te preguntaría ¿eres así y ya no lo puedes cambiar? Por supuesto que lo puedes cambiar, la pregunta es ¿quieres cambiar? ¿Qué estás dispuesto hacer para obtener esos resultados que tú quieres? Porque como ya vimos todo es resultado de nuestro comportamiento, y antes de esa conducta está instalada una creencia que va a guiar a nuestras emociones y acciones.

Nuevamente asumiré, tomando en cuenta todo el potencial que hay en ti, que estas dispuesta, dispuesto a tomar retos. Así que empecemos, cuerpo, mente y espíritu a la acción. Una vez que ya hiciste tu autovaloración y descubriste cuál o cuáles son tus aspectos vulnerables empecemos el reto. Para darle un poco más de motivación a tu cerebro de la que tú ya le has generado vamos a hacer una sencilla visualización:

Por favor, respira profundo, nuevamente respira lento y profundamente, hazlo una tercera vez y vamos a avanzar tu vida de aquí a un año, observa como es; ¿con quien estás? ¿en dónde estás? ¿qué estás haciendo? ¿cómo está tu cuerpo? ¿tu salud física y emocional? ¿cómo te encuentras en tus finanzas? **No fantasees, solo deja que la forma en que hoy y los días anteriores has vivido te digan cómo será ese futuro no tan lejano, ahora por favor continuando en la misma dinámica considerando tus conductas, creencias limitantes actuales, miedos y hábitos que rigen tu vida avanza esa visualización de aquí a dos años y revisa como seria tu vida en todos los aspectos que ya revisamos, si no haces ningún cambio,** ningún ajuste, ningún compromiso accionado contigo. Contacta con esas emociones que estas experimentando, ¿Cómo te sientes? ¿ves al futuro como algo prometedor? ¿pudiste observarte en todo tu esplendor? Si no es así, deja que esa emoción se desvanezca, no estás en el futuro, estas creándolo en este momento, así que está **en tus manos AHORA diseñar ese futuro fabuloso liberándote de todo aquello que te dijeron que eras o que no eras.**

Nuevamente respira lento y profundamente, haz esta respiración dos veces más (ayuda a contactar de una forma más profunda con tus sensaciones, sintiéndote en el aquí y el ahora), y visualiza como será tu vida un año más adelante haciendo esos cambios que tu vida requiere, esos cambios que ya detectaste que necesitas para sanar emocionalmente, para amarte en plenitud, para mejorar tu salud física y emocional, retándote y por tanto descubriendo tu genialidad, descubriendo esos talentos que no habías utilizado porque no sabías que habitaban en ti y mejor aún que podías desarrollar muchas destrezas que pensabas que eran dones dados a seres especiales. Después de hacer todos estos ajustes, ¿en dónde estás? ¿con quién estas? ¿Qué estás haciendo? ¿Qué sensaciones estas experimentando? ¿Cómo se siente vivirse en ese cuerpo amado y cuidado? ¿Cómo se siente vivir en gratitud permanente con aquel que nos dio soplo de vida? En ese futuro prometedor y no tan lejano que se siente saber que todo lo que se tiene y se vive es el resultado de tu cambio de hábitos, de tu compromiso contigo mismo, de haber accionado y dejar a un lado el rol de víctima y asumir el papel protagónico en tu historia porque tomaste la decisión de amarte.

Ahora respóndete **¿Qué es más doloroso continuar tu vida sin cambios o hacer los cambios que tu vida requiere?**

TRABAJANDO TU MENTE

Cada vez más entusiasmada de pensar en lo que puedes lograr de tu así decidirlo, porque como ya te habrás dado cuenta nadie puede cambiar tu forma de pensar, tu comportamiento, tus emociones si no lo decides y accionas y deseo de corazón que tú también estés emocionado, que dé ya te estés descubriendo en esa versión optima que hay en ti, y no se quede en una motivación pasajera, como suele suceder con frecuencia cuando vamos a escuchar algunas conferencias y no va más allá de ser un discurso estético y pulido que es grato a nuestros oídos, pero indeleble a nuestra mente.

Y como dicen por ahí, acertadamente, todo está en la mente, de manera que hay que conocer cómo funciona, para entender de donde viene nuestros pensamientos donde se almacenaron nuestras creencias y como empezar a trabajar nuestra mente para que esta transforme nuestra vida. Así que continuemos con ella. Pero, ¿Qué es la mente y cómo funciona? Es muy constante que nos refiramos a la mente y al cerebro como si fuera lo mismo, pero no es así, veamos la diferencia.

El cerebro es el conjunto de órganos, es la estructura física que se encuentra dentro del cráneo y protegido por las meninges, forma parte del Sistema Nervioso Central (SNC) y está compuesto por:

Corteza prefrontal o Neocorteza: Esta es la parte de nuestro cerebro racional, pensador y crítico. Es decir, se ocupa de controlar los procesos intelectuales, memoria y lenguaje.

Cerebro límbico: Es un mini cerebro ya que se ocupa de las emociones, sentimientos, sexualidad y los centros del placer. Entre las principales estructuras que lo componen son el hipotálamo y la glándula pituitaria. Es el encargado de conducir información del cerebro reptiliano a la neocorteza y es aquí donde se pueden convertir los impulsos instintivos en pensamientos complejos.

Cerebro reptiliano: Esta parte del cerebro que emerge directamente de la médula espinal es el que activa nuestros impulsos reactivos, no ha cambiado en miles de años, funciona igual que funcionaba el cerebro reptiliano de nuestros antepasados. Su principal función es la de permitirnos sobrevivir, por eso es que cuando tomamos nuestras decisiones desde nuestros impulsos normalmente tomamos las peores decisiones. Y a menudo funciona en contradicción con las decisiones de nuestra corteza prefrontal, es decir desde nuestro cerebro racional.

Por su parte la mente es intangible, es decir no hay una estructura física en donde la podamos localizar, en las redes neuronales, de las que ya hemos estado hablando, fluye electricidad es decir energía, que es en donde se dan los procesos que dirigen nuestra vida. La mente es capaz de percibir tanto el cuerpo en el que habita como el mundo en el que se manifiesta. Es a la mente a quien se relaciona con facultades superiores como la voluntad y el propósito.

Hacer cosas nuevas que te emocionen, que te lleven a experimentar factores sorpresa como los viajes, los nuevos aprendizajes, conocer personas nuevas que compartan tus intereses. Todo esto hace que desarrolles nuevas vías neurales. Por tanto, que expandas tu mentalidad.

Los alimentos son importantes para ayudar a que tu mente funcione adecuadamente y por supuesto también hay alimentos que debilitan el funcionamiento como son los alimentos procesados, frituras, azúcar refinadas, grasas animales, y aunque no son propiamente un alimento, el alcohol y cualquier sustancia toxica.

Hay una causa para tu comportamiento y esto está en tu mente.

AMANDO TU CUERPO

Antes de revisar cómo se manifiesta el rostro del amor propio en tu cuerpo y la importancia de amarlo, responde sinceramente las siguientes preguntas ¿Qué tan a gusto te sientes en tu cuerpo? ¿Qué tanto te puede ayudar la salud y condición física que ahora tienes para alcanzar tus más anhelados sueños? O, por el contrario, ¿es un impedimento? Cual quiera que sean tus respuestas reflexiona, ¿qué estás haciendo al respecto?

Pues bien, atender y entender nuestro aspecto físico implica cuidar positivamente nuestro cuerpo, amarlo, respetarlo y escucharlo. Como ya lo mencionamos todas nuestras áreas están interconectadas, las emociones muy a menudo al no ser escuchadas empiezan a manifestarse en nuestro cuerpo para ser atendidas, todas esas emociones que tu reprimas buscaran una salida.

Nacemos con un cuerpo perfecto, funcionando maravillosa y divinamente (para poder estudiar y comprender su funcionamiento necesitamos, aquí sí, dividirlo por sistemas y sub sistemas, es por esta razón que yo en lo personal solo puedo concebirlo como una creación divina) No te asombra que mientras tu duermes, trabajas, te diviertes, ríes, bailas, y tantas otras cosas que realizas a lo largo del día, estén sucediendo más de 90,000 pensamientos en tu mente y de los cuales solo eres consciente de menos del 5% de estos, que tu Sistema Nervioso Autónomo esté regulando todas aquellas funciones que necesitamos para mantenernos vivos, como acelerar y disminuir la frecuencia cardiaca, constreñir o dilatar los vasos sanguíneos, disminuir o aumentar la peristalsis del sistema digestivo sin que esto dependa de ninguna actividad consciente, entre otras tantas funciones. Imagina por un momento que para que todos estos procesos sean desempeñados por cada uno de nuestros órganos necesitáramos dar instrucciones directas al cerebro para que cada sistema realizara su trabajo, sería muy probable que constantemente olvidáramos dar indicaciones. Entonces ¿no te resulta maravilloso que para que tu cuerpo siga funcionando divinamente solo tengas que cuidarlo?

Traemos una carga genética que determina algunos rasgos de nuestra apariencia física, cosas que no podemos cambiar como color de piel, color de ojos, forma de la nariz, etc. Esa misma carga genética favorece algunas otras características, como la estatura y la talla, sin llegar a ser determinante, ya que aquí influyen otros aspectos como la alimentación, la actividad física que se realice, el dormir lo suficiente, el no sobrecargarse de estrés, entre otros factores. ¿A qué voy con todo esto? A que somos una maravillosa creación, a que entiendas que hay perfección en nuestro diseño, que somos especiales y estamos dotados de características que son únicas, y en varias ocasiones esas características son las que nos crean incomodidad, robándonos energía, sobre todo en la adolescencia que es cuando las chicas están en búsqueda de su identidad. No obstante, también nos llega a suceder a las mujeres adultas, sobre todo, *cuando la autoestima esta por los suelos, empezamos a ver nuestro cuerpo y nuestro rostro con lupa y el mínimo detalle que a nuestra percepción no es agradable le damos el poder de quitarnos la tranquilidad y desenfocarnos de aquello que sí es importante.*

La sociedad nos establece a través de sus modas pasajeras estándares de belleza en los que queremos encuadrar y si estamos fuera de esos lineamientos nos sentimos feas, poco agraciados y responsabilizamos a este aspecto la causa de nuestra infelicidad, sin embargo, no son los mensajes que la moda envía los que deterioran nuestra percepción si no las creencias que tenemos de nosotros mismos.

Ahora bien, ¿Eso significa que debo conformarme con la constitución física de mi cuerpo y con los cambios que este vaya presentando a lo largo de la vida incluyendo la salud? NO, por supuesto que NO. Para algunas personas esto no es problema resulta obvio los cambios y medidas que deben tomar, pero cuando estamos fuera de nosotras mismas, porque estamos enajenadas con lo que esta fuera, porque no tomamos responsabilidad por la parte que nos corresponde no resulta obvio. Seguramente te son familiares dichos como; "más vale gordito que de risa y no flaco que cause lastima" cuando lo escucho me pregunto ¿Cuándo se dará cuenta que es su ego protegiéndole, cuando prestara atención al mensaje que su cuerpo le quiere dar? O que tal "gordita pero feliz" "como lo que sea, porque de algo me he de morir" yo te pregunto ¿esta es la forma en que te muestras tu amor? ¿Con una salud deteriorada puedes sentir pasión por la vida? ¿Con un cuerpo que te grita a través del dolor, por medio del sobrepeso vas a escribir una historia de felicidad de plenitud?

Cuidar de tu cuerpo no es una cuestión de estética, es una

forma de amarte, y *para obtener resultados es necesario cambiar las creencias* que tienes con respecto a la alimentación, al ejercicio y a la salud que son parte de la práctica para sentirte físicamente genial.

> El cuerpo nunca está enfermo ni sano, ya que en el solo se manifiestan informaciones de la mente. El cuerpo no hace nada por sí mismo. Para comprobarlo, basta ver un cadáver. El cuerpo de una persona viva debe su funcionamiento precisamente a estas dos instancias inmateriales que solemos llamar conciencia (alma) y vida (espíritu). La conciencia emite la información que se manifiesta y se hace visible en el cuerpo. (p.17)

Mientras veas al ejercicio como un esfuerzo banal, como una pérdida de tiempo, estas ideas harán que se te dificulte incorporarlo a tu estilo de vida. También el percibirlo como un esfuerzo, casi un castigo, pero como queremos tener unos kilos menos o que el pantalón nos calce mejor haremos el "sacrificio" con esta ideología por supuesto que resultaran hábitos complicados de incorporar a la vida. Como lo hemos venido viendo, sí, todo está en la mente. Esta frase la traía muy grabada, pero que maravilla es experimentar este aprendizaje y no solo memorizar la expresión y darse cuenta como verdaderamente un cambio de pensamiento puede activar tu cuerpo, tu energía, tus emociones y transformarlas en un segundo. Permíteme compartirte esa experiencia. Una mañana de domingo me salí de casa a eso de las 6:00 am con la intensión de correr 10km, era la meta del día. Tenía casi dos meses que no salía a correr, pero me mantenía haciendo 1 hora de spinning diariamente y cuando las actividades lo permitían 2 horas. Inicie la carrera tomando un boulevard que está a la orilla de donde vivo, con la intención de llegar al campo deportivo y terminar el kilometraje en pista, así lo hice corrí a un paso cómodo pero demandante intercalando algunos sprints, para el momento en que llegue a la pista ya sentía mi cuerpo cansado, eso sí me sentía llena de felicidad, con el corazón latiendo aceleradamente como si fuera a salirse de mi cuerpo, sintiendo el flujo sanguíneo por todo mi rostro y la adrenalina fluyendo en mi sangre. Revisé el kilometraje recorrido en el Smartphone, era una aplicación nueva y el impacto fue muy grande cuando vi 4.54, la energía se fugó no sé a dónde, me sentí incomoda con mi rendimiento porque consideraba a mi cuerpo muy cansado para solo haber realizado "4.54 km" en seguida apareció el dialogo interno "que bárbara ya no la haces para correr" al percatarme de lo que me decía cambie mis pensamientos, "está bien no pasa nada, tendrás que regresar al entrenamiento intenso para recuperar tu condición física" empecé a sentir dolor en un brazo que tenía lastimado, una ámpula que se me había hecho en uno de los pies al correr, deshidratación, etc. Continué corriendo a un ritmo más lento y me dije "por favor por lo menos termina 6 km". Después de 10 minutos que se me habían hecho una eternidad volví a revisar mi celular y me percate que la pantalla decía 5.27millas, wooow que felicidad no eran km eran millas, la sonrisa apareció en mis labios, la sed se olvidó, el dolor de brazo desapareció y si había un ámpula deje de sentirla estaba lista para terminar mis 10km meta del día, sin dudarlo continúe corriendo a un paso demandante esta vez sin estar revisando el kilometraje deje a mi cuerpo fluir y disfrute de esa sensación de llevar al cuerpo al límite, y como en la mayoría de ocasiones que hago ejercicio maravillándome del funcionamiento y del excelente vehículo del que dios nos proveo para experimentar esta vida y contactar con nuestra grandeza interna. Después de eso no pude dejar de pensar en la maravillosa función que tiene nuestra mente y como un estímulo externo asociado a una idea o creencia que tengamos va a ayudarnos a alcanzar nuestras metas o limitarnos en el logro de estas. Aunado a ese aprendizaje ya no solo en teoría, si no ahora por medio del conocimiento empírico que son los que verdaderamente se quedan en nosotros, e impactan en nuestras vidas, ese día mi sensación corporal y mental fueron óptimos, rete a mi cuerpo a hacer algo diferente del entrenamiento que tiene todos los días y mi mente me dio una gran lección. Así que decidí aplicarlo a mi vida cotidiana y ahora, aunque cada día ejercito mi cuerpo me reto a salir de mi zona de confort en esa área de mi vida. Te invito a que lo pongas en práctica verdaderamente veras la vida desde otra perspectiva.

Si aún no estas convencido te daré una lista de beneficios que seguramente cambiaran tu visión de la actividad física:

- **La neurogenesis**. Está demostrado científicamente que el ejercicio físico estimula el nacimiento de nuevas neuronas y disminuye su muerte.

- **Aumento de sinapsis** (es decir la conexión entre neuronas) lo que conlleva a tener una mejor memoria y por supuesto un aprendizaje más efectivo.

- Activación del sistema nervioso simpático.

- Producción de adrenalina y noradrenalina (quienes tienen tanto función de hormonas como de neurotransmisores)

- **Liberación de endorfinas** (sustancias químicas que influyen en la sensación de bienestar y felicidad, por lo que ayudan en la disminución de síntomas de depresión.)

- Aumento de la ventilación pulmonar.

- Elevación de la presión sanguínea.

- Aceleración del metabolismo.

- Dilatación de las arterias musculares, por lo que se multiplica el riego sanguíneo.

- Aumento del flujo sanguíneo en riñones e intestinos.

- Reducción de grasa y quema calórica.

- Fortalecimiento de huesos y articulaciones.

- Aumento de fuerza, velocidad, flexibilidad, resistencia, coordinación motriz (esto dependerá del tipo de actividad física que se elija)

- Aumento de la masa muscular.

- Reducción del estrés.

- Aumento del estado de alerta.

- Etc.

BLINDANDO TU ESPÍRITU

Una vez que creas en ti mismo y ves tu alma divina y preciosa, automáticamente te convertirás en un ser que puede crear milagros.
(Wyne Dier)

¿Cómo influye la parte espiritual en tu autoestima? Antes que nada, es importante tener claro que la espiritualidad no es un sinónimo de religión, y que esta no las vas a desarrollar por vivir un religiosísimo, a veces las tradiciones familiares y culturales nos pueden confundir un poco y limitar en esta área. Habrá quienes puedan sentirse en plenitud dentro de su religión y sentir que dentro de ella desarrollan su espiritualidad y es válido, empero, si para ti no es así te invito a que hagas una revisión de cómo estás viviendo tu espiritualidad. (al realizar el ejercicio 5 te ayudara a reflexionar en cómo estas construyendo este pilar)

El área espiritual es un pilar necesario para mantener una salud integral, podríamos definirla con base a tres aspectos esenciales: significado, propósito, la voluntad de vivir y la fe en uno, en los demás y en Dios. (Cotton, Levine, Fitzpatrick et al., 1999)

Creo con todo mi ser que, como muchos autores lo han dicho y que es aspecto fundamental de varias religiones, en que "Somos seres espirituales teniendo una experiencia física", por lo que es aquí donde está nuestro poder ilimitado, y que este no se reduce a lo que podemos ver, a lo que podemos palpar y aquello que se puede lograr con nuestras fuerzas físicas. Somos más mucho más que este cuerpo, sin embargo, esa parte espiritual al aparentemente no ser vista la olvidamos y resulta fácil desconectarnos de aquel en el que todo es posible.

Hace aproximadamente unos 7 años atrás, en una clase de la maestría de psicología jurídica escuchaba la catedra de un maestro y durante su discurso hacia énfasis en que no había ningún creador, ningún Dios, y que como Nietsche lo afirmaba Dios era el resultado de una necesidad humana. En ese momento por supuesto que no lo creí, mi fe y la protección que siempre había sentido no permitieron que dudara. Más tarde al salir de la universidad manejando camino a casa iba absorta en mis pensamientos y me descubrí recordando las palabras del profesor y me pregunté ¿y si en verdad Dios no existe y si no hay más allá de esta vida palpable que ahora experimentamos? Al pensarlo no pude evitar contactar con un vacío tan grande, me sentí tan sola, perdida, sin una brújula que me guiara, me sentí abandonada y pensé y ¿si es así que propósito tiene esta vida? Inmediatamente observé a mi alrededor y vi la grandeza que hay en la naturaleza, lo maravilloso de la creación. Sin haberme percatado del camino ya estaba en casa en ese momento reconecté con mi espíritu, agaché la cabeza en el volante y dije no padre no puedo dudar de tu existencia, si en toda tu creación estás presente. Nunca me vuelvas a soltar de tu mano. Sin darme cuenta que quien lo había soltado por unos segundos fui yo al permitirme dudar. Y es justamente lo que hacemos cuando se nos presentan situaciones complicadas o aquellas que percibimos como dolorosas, nos alejamos de él y por tanto de nuestra grandeza divina. Y aquellas situaciones que vienen para nuestro crecimiento, para fortalecernos, para aprender, incluso a veces para sacudirnos de ese letargo al que en ocasiones nos apegamos nos llevan a perder de vista quienes verdaderamente somos. También solemos soltarnos de su mano en el extremo contrario, cuando la vida nos sonríe tanto que nuestro ego se envanece concentrándonos en las cosas materiales que hemos acumulado, en los reconocimientos que hemos obtenido y nos perdemos en todo aquello que nos resulta placentero. Y no porque la abundancia o los logros de cualquier tipo no los debamos experimentar, es más esto es parte de una vida en plenitud, pero siempre viviéndonos en gratitud constante y sabiendo que estos dos aspectos solo son herramientas para nuestra vida.

Ahora pienso que sí, que creer en nuestro Dios si es una necesidad humana y que es nuestro espíritu recordándonos la divinidad que hay en nosotros cuando se nos olvida de dónde venimos y el camino para regresar a casa.

Este justamente este fue el último punto que intenté al quererme reencontrar, cuando por fin reconocí que me encontraba en una situación de baja autoestima, que no podía confiar en mis capacidades, porque me la pasaba comparándome con el resto de las mujeres y me encontraba conque todas eran más inteligentes, más bellas, más valientes, más fuertes, más nobles, más leales, más, más, más. Y no daba crédito a nada de lo que había hecho antes, había introyectado en mí que había sido una cuestión de suerte y que mi buena suerte ya había terminado, si lo intentaba una vez más corría el riesgo de equivocarme, ya había fracasado en esa relación de pareja que en algún momento supuse era para toda la vida, un fracaso mas no lo soportaría. (vaya ahora que plasmo estos pensamientos que alguna vez fueron míos y que guiaban mi vida en verdad no me reconozco) pues bien inicie, como te había comentado antes, buscando soluciones a medias, siendo psicóloga lo primero que hice fue buscar ayuda terapéutica, estuve en proceso psicológico por cuatro meses si me ayudo, no lo voy a negar deje ese papel de víctima en el que me había instalado, empecé a asumir la responsabilidad que me toco en esa parte de la relación donde el amor, el respeto y la confianza no la supimos cultivar. Sin embargo, ese vacío seguía, estaba ahí doliendo había cosas que quería olvidar, pero eso no se borraba. A un recuerdo los constantes suspiros que aparentemente no tenían razón de ser. Todo en nuestra vida tiene una razón de ser. Sabía lo grandiosa que me sentía haciendo ejercicio, ahora sabes científicamente todo lo que hace por tu cuerpo y por tu mente, razón lógica por la que física y mentalmente mi ser agradecía este tiempo y muestra de amor que me daba al sacarme de mi zona de confort y confiar en esas capacidades que ahora entendía qué si tenía, escuchaba a mi cuerpo y aunque lo llevaba a dar ese extra que sé todos podemos dar cuando así lo decidimos, lo cuido entendiendo que es el vehículo perfecto que mi amado padre celestial me presto para experimentar esta vida la que hoy valoro y vivo apasionadamente con todo y las complicaciones que el día a día me va trayendo. Pero esto no sucedió sino hasta que llegue a este quinto paso **blindando mi espíritu,** me percate que haciendo los 4 pasos anteriores me encontraba bien, que ya *podía sobrevivir en este mundo* porque volvía a confiar en mí, pero tenía que vivir con precaución, porque el mundo no era ese lugar donde pudiera habitar en confianza. Mis relaciones interpersonales eran superficiales, no podía confiar en los demás porque ahora era mi responsabilidad cuidar que nadie me dañara. Con esta creencia limitante, ese vacío existencial seguía. En la búsqueda de expansión de mis experiencias después de dos años de no laborar en nada empecé a trabajar en una empresa nacional que nada tenía que ver con lo que hasta ese día había hecho, era un reto para mí, era demostrarme que podía salir de esa zona segura que ya conocía y si también era evitar darme cuenta que aún no me sentía lista para regresar a la psicología clínica porque era enfrentar esos ciclos que sabía tenía que cerrar, pero no sabía si tendría el valor de hacerlo. ¿te has sentido de esta manera sabiendo que hay algo que ya tienes que definir que cerrar porque es una fuga de energía? Piensa en esas situaciones y revisa que has hecho con ellas, recuerda que en este libro no se trata de mí, sino de la función de espejo que mi historia puede tener en tu vida. En ese nuevo trabajo enfrente retos, situaciones que sacaban mi genialidad, mi paciencia, mi creatividad para solucionar conflictos y el poner límites cuando las situaciones así lo requerían. Pero sobre todo conocí gente hermosa de la que abunda, que confiaban en mí, platicándome situaciones personales dolorosas por las que estaban pasando sin saber que era psicóloga. Cuando terminaba de hablar con ellos me decían lo bien que se sentían, que se habían dado cuenta de muchas cosas y de posibles soluciones de las que antes no se habían percatado. Aquí estaba poniendo en función dos puntos de los que desde mi perspectiva son importantes para vivir nuestra espiritualidad; brindar servicio en la medida de mis posibilidades, esto no era parte de mis funciones laborales, sin embargo disfrutaba hacerlo, poner al servicio los dones que me han sido dados y que fui desarrollando mediante mi formación verdaderamente me hacían sentir paz y al ver a las personas con quienes había charlado también en esa paz que yo experimentaba, podía vivir ese círculo virtuoso del que muchas veces hablo, esto me hacía sentirme en gratitud constante, porque me daba cuenta que aun en medio de situaciones difíciles Dios siempre nos da esa luz que guía nuestras vidas cuando tomamos su mano y estamos en comunicación con él. ¿me gustaría mucho saber qué piensas de esto que he compartido contigo? Por ahora no tengo forma de saberlo. Pero, si te diré que no quiero que lo creas porque se encuentra escrito en este libro, muchas veces somos muy dados a creer en todo aquello que nos dicen los demás, sobre todo cuando los percibimos como figuras de autoridad, o como expertos de la materia. Te diré lo mismo que constantemente les digo a mis alumnos de nuevo ingreso "no crean todo lo que les dicen, no importa quien sea, cuestiónenlo, pero eso si dense la oportunidad de experimentarlo y saquen sus propias conclusiones. Te invito a que busques esa comunicación con aquel que te creo, cuando despiertes y la luz del nuevo día te haya sido regalado, cuando estés por probar los alimentos producto de lo basto de esta tierra que nos fue dada, cuando estés viviendo situaciones difíciles, dolorosas que sientas que rebasan tus fuerzas y tu sabiduría, encontraras la fortaleza que él ha puesto en ti y la solución perfecta que a veces no viene en la forma que pensábamos. Cuando tu realidad sea tan maravillosa y mágica que pienses que has empezado a soñar, cuando termines el día. ¡Siempre hay porque agradecerle, siempre! Y por supuesto, ¡ACCIONA! Pon en práctica cada uno de los ítems del aspecto espiritual que están en la tabla del ejercicio de autovaloración, más los que tú vayas descubriendo que a ti te funcionan para fortalecer y blindar tu espiritualidad, estos son los que yo puse en práctica para sanar mi autoestima (junto con las otras cuatro estrategias) y por supuesto se hicieron parte de mi forma de vivir la vida, y también de muchos de mis pacientes que los han puesto en práctica.

.

PARTE 6

RETOMANDO TU PROYECTO DE VIDA

"Hay un tiempo en el que es preciso abandonar las ropas usadas que ya tienen la forma de nuestro cuerpo, y olvidar nuestros caminos que nos llevan siempre a los mismos lugares.

Es el tiempo de la travesía: y si no osamos hacerla, quedaremos para siempre al margen de nosotros mismos"

Fernando Pessoa

Convierte tus sueños en metas

Me emociona demasiado estar en este apartado y me hace muy feliz el saber que tú también estés aquí.

Para este pequeño capítulo retomemos la siguiente pregunta ¿Y tú con que soñabas cuando eras niño? Recuerda por unos minutos cuales eran esos sueños. Ahora bien, es verdad vamos creciendo cambiando de intereses, situándonos en el contexto que nos rodea y muy a menudo el tamaño de nuestros sueños es acorde a esa realidad que estamos viviendo, realidad que ya vimos la creamos nosotros mismos. Así que empecemos a crear ese círculo virtuoso en donde nuestros sueños se conviertan en metas alcanzadas, nuestra realidad sea satisfactoria y nuestro campo de acción se haya expandido haciéndonos soñar aún más grande.

Para este punto ya sabes que todo es posible en medida que lo desees, planifiques y acciones para alcanzarlo. Que no será de la noche a la mañana, es verdad, que habrá que trabajar inteligentemente, con disciplina y pasión, también es verdad. Y que probablemente a la primera no se alcanzaran esos sueños también es cierto. Sin embargo, Yo te pregunto ¿qué tanto deseas eso por lo que estás dispuesto hacer cambios? ¿qué tanto anhelas aquello por lo que estás dispuesto a trabajar fuerte e inteligentemente? ¿de aquí a cinco años habrá valido la pena?

Ahora bien, ¿qué hacer para que esos sueños se vuelvan

metas? Y sobre todo metas alcanzadas. Te contare una anécdota personal, nuevamente. Cuando estaba en primer semestre de la licenciatura inicio este deseo de escribir un libro, después de haber escrito un ensayo referente a la emigración. En ese momento me di cuenta que me apasionaba mucho el poner en palabras escritas mis pensamientos, que era una forma de ordenar y dar a conocer mis ideas, pero sobre todo que lo que decía a través de la narrativa ponía a pensar sobre el tema a varios de los que me leían. Por lo que después ese ensayo me dije que escribiría un libro, soñaba con "algún día realizarlo" y ¿Qué paso, por qué tanto tiempo para llevarlo a cabo? De ese tiempo a la fecha han pasado 10 años. Increíble ¿verdad? Que algo que ha estado en el corazón se pueda dejar guardado por tanto tiempo. ¿Cuándo dejo de ser un sueño y se convirtió en una meta a alcanzar? En enero del año actual (2019) realice un trabajo de investigación que considero importante, trabajo que en otras circunstancias se habría realizado en un tiempo de entre 6 a 12 meses, que por condiciones especiales se tiene que realizar en 1 mes con 15 días. Lo primero que pensé "es imposible", posterior a eso vino un enojo, que en realidad era la incomodidad de tener que salir de mi zona de confort. Y retomando lo que había aprendido, lo que enseño a mis consultantes todo es posible si realmente te comprometes con ello. Así que en martes 26 de febrero estaba esa investigación realizada. Posterior a eso, me felicite y disfrute ese logro, pero no me quede celebrando. Revisé varios de mis sueños sin realizar, les puse fecha, los dividí en pequeñas metas y realicé un plan de acción. Entre ellos este libro, que hoy tengo la satisfacción que este en tus manos.

Entonces veamos, para que tus sueños dejen de ser solo sueños existen tres constructos psicológicos para comprender la teoría de metas y aplicarla:

- **Orientación de metas:** Es importante que revises cuales, de estos sueños, como ya lo habíamos visto antes, realmente son tuyos y no te encuentres gastando energías intentando alcanzar sueños ajenos, porque llegará el momento en que pierdas interés, la pasión necesaria para realizarlos no estará presente.

- **Compromiso con las metas:** Establecer una fecha realista para alcanzar esa meta. Lo que conllevara establecer compromiso contigo para realizar las actividades dirigidas a alcanzarlas. Si es necesario divídela en pequeñas metas.

- **Clima motivacional**: cuando una meta se divide en sub metas y estas se van logrando crean un clima de motivación para seguir adelante, al tiempo que se va creando una mayor autoconfianza, al tiempo que se va creando una mayor autoconfianza y por supuesto desarrollar habilidades que ni si quiera sabíamos que teníamos.

Traza ese plan de acción desde la confianza en ti mismo, la fe en aquel que te creo y con la certeza de que en esta tierra hay abundancia, por supuesto si extiendes tus expectativas al universo la abundancia es infinita.

Pregúntate cada día ¿qué puedo hacer hoy que me pondrá en camino para lograr esa o esa METAS que verdaderamente pondrán a vibrar mi alma?

Y Jesús le dijo: si puedes creer, al que cree todo le es posible.

Marcos 9: 23

ACERCA DEL AUTOR

Yulia Ochoa, Psicóloga de profesión, especializada en psicoterapia humanista, con una maestría en psicología jurídica. Con cerca de 10 años ejerciendo esta hermosa y gratificante profesión. En el área clínica en consulta privada y en el área educativa se ha desarrollado como catedrática de tres diferentes universidades en el estado de Puebla, México de donde es originaria. Actualmente da clases a nivel posgrado en la Universidad de España y México (UEM), plantel Tlaxcala.

Con experiencia en la impartición de talleres para capacitación de docentes en universidades, trabajando la importancia de la comunicación en las relaciones interpersonales, así como inteligencia emocional. También se ha desarrollado como conferencista para preparatorias, universidades, asociaciones civiles y empresas que se preocupan y ocupan del desarrollo y empoderamiento del ser humano.

Es una mujer apasionada por su hacer profesional, comprometida con su tema de trabajo que es bastante específico, del que manifiesta que más que trabajo se ha vuelto su proyecto de vida. Con un enfoque claro en contribuir a la resolución de una gran problemática social que cada día crece, que es la falta de amor propio, la carencia de autoconocimiento, aunado a vivir sin tener un proyecto de vida, generando una falta de sentido existencial, derivando en las altas tasas de depresión que anuncia la OMS.

Encontrar una gran cantidad de personas, sobre todo mujeres que es con quienes más ha tenido la oportunidad de trabajar, que no están a gusto con sus vidas viviendo sin amarse, dejando su existencia a la suerte del día poniéndose en segundo, o tercer lugar en su propia vida y lo más consternante que se creyeran que esto es normal, que así es la vida, es lo que le motivo y sensibilizo a escribir este libro. Problemas de autoestima que manifiesta observar en diversas edades, clases sociales y ocupaciones, situación que ella misma vivió durante dos años sin querer reconocerlo. Después de recuperarse y darse cuenta de lo frecuente de este problema que la mayoría de veces se vive de forma silenciosa, especialmente si eres hombre, en México aún hay muchos tabús sobre lo que debe y no expresar un hombre en cuanto a su estado emocional

REFERENCIAS BIBLIOGRÁFICAS

Ardila, R. (1979) Los orígenes del comportamiento humano. Barcelona España: Fontanella.

Ardila, R. (1970) Psicología del aprendizaje. México Siglo XXI.

An Andre, Cristoph. (2010) Psicología del miedo: temores, Angustias y fobias. Kairos.

Branden, Nathaniel. (2018) Los seis pilares de la autoestima. México: Paidos.

Ellis, A. (2005) Sentirse mejor, estar mejor y seguir mejorando. Bilbao: Mensajero.

Goleman, Daniel. (1995) La inteligencia emocional. México: Vergara.

Guerrero, J. Antonio (2009) Super aprendizaje por neuro inducción. México: Panorama.

Lipton, Bruce (2012) La biología de la transformación. España: Gaia ediciones.

Lukas, Elisabeth (2006) También tu vida tiene sentido. México: Ediciones LAG

Hutler, Gerald. (2001) Psicología del miedo: el estrés y los sentimientos. Plataforma actual.

Ricard, M. (2005). En defensa de la felicidad. Barcelona: Urano.

Riso, W. (2010). Terapia Cognitiva. Barcelona: Brume.

[165]

www.ingramcontent.com/pod-product-compliance
Lightning Source LLC
Chambersburg PA
CBHW061759250726
48657CB00001B/199